Mi nueva vida, un gran milagro

Toño Mauri

Mi nueva vida, un gran milagro

Cuando Dios te toma de la mano
para ayudarte a respirar y te da otra oportunidad

Una historia de lucha, esperanza y triunfo

URANO
Argentina – Chile – Colombia – España
Estados Unidos – México – Perú – Uruguay

1.ª edición: noviembre 2022
1.ª reimpresión: marzo 2023

Reservados todos los derechos. Queda rigurosamente prohibida,
sin la autorización escrita de los titulares del *copyright*, bajo las
sanciones establecidas en las leyes, la reproducción parcial o total
de esta obra por cualquier medio o procedimiento, incluidos la
reprografía y el tratamiento informático, así como la distribución
de ejemplares mediante alquiler o préstamo público.

ISBN: 978-607-748-564-3
E-ISBN: 978-84-19497-45-1

Impreso por: Litográfica Ingramex, S.A. de C.V.
Centeno 162-1, Col. Granjas Esmeralda,
Alcaldía Iztapalapa, C.P. 09810, CDMX.

Impreso en México – *Printed in Mexico*

ÍNDICE

AGRADECIMIENTOS

Gracias a Dios por darme otra oportunidad y tomarme de la mano para enfrentar juntos esta experiencia. Gracias a mi familia por estar todo el tiempo conmigo, por tantas horas de incertidumbre, de buenas y malas noticias. Gracias a mis amigos que siempre estuvieron pendientes de mí. Gracias a todos por sus oraciones, rosarios; por las misas que ofrecieron por mí. A todos los sacerdotes que intervinieron en mi caso.

A María Visión, Jimmy Resnick, Raúl de Molina, Lili Estefan, Dr. Juan Rivera, Dr. Carlos Souto, Dr. Claudio Tuda, Dr. Steven Debeers, Dr. Ari Ciment, Dr. Seth Gottlieb, Dr. Andrés Pelaez, Dr. Tiago Machuca, Dr. Mauricio Pipkin, Abbas Shahmohammadi. Gracias a Marlene, a Violeta; a todos los enfermeros y enfermeras, doctores y doctoras que me atendieron. A Stefan H. Zachar y a Charlene Walker y el equipo de Pinacle Care. A Alejandro Pacheco y su equipo de Epicbook. Y, sobre todo, gracias al donador, a su familia que, aunque no los conozca, siempre están presentes en mis oraciones; y gracias a todos los medios de comunicación que se preocuparon por mí e informaron sobre mi estado de salud.

A todos… infinitas gracias.

Hoy, yo... ¡vivo!,
siempre de la mano que me toma,
siempre de la mano que me aprieta,
siempre de la mano que me guía,
siempre de la mano que me dice: «aquí estoy».
Siempre voy de la mano de Dios.

Toño Mauri

PRÓLOGO

Antonio Mauri Villariño, Toño, un hombre excepcional en todo sentido, ejemplar tanto en el trabajo como en la vida, fruto de una historia de amor que inicia con sus padres en Cuba y que continúa ahora con Carla, su esposa, y sus hijos, Carla Teresa y Antonio.

Toño tenía un pequeño resfriado, acompañado de cansancio, un poco de sueño y dolor. Nadie vio llegar al virus. Lili Estefan, amiga entrañable de muchos años, les recomendó un laboratorio y confirmaron el diagnóstico: Covid 19. Al empeorar su condición, Toño llamó a Alan Tacher para pedirle el número del Dr. Juan Rivera, quien lo mandó de inmediato al hospital Mount Sinai, donde lo recibieron. Más adelante, Raúl de Molina, con quien tienen una gran amistad, presentó a Carla con Jimmy Resnick, quien se convertiría en una ayuda muy importante para ella y al día de hoy un gran amigo para los dos.

Una vez instalado ahí, Toño cayó en un sueño profundo por casi cuatro meses en los que estuvo entubado y con Carla y sus hijos haciendo guardia todo el tiempo y reuniéndose con los médicos para saber la evolución del paciente. Mientras tanto, Toño soñaba. Soñaba con lo que él mismo nos cuenta en estas páginas más adelante.

Varias de las noches en las que iba a dormir a casa, Carla fue despertada por llamadas que le avisaban que posiblemente esa sería la última noche en que lo podría volver a ver con vida. Así transcurrieron esos eternos cuatro meses, hasta que un día Toño abrió los ojos sin saber qué había pasado y con las molestias de un paciente en entubación. Mejoró un poco, pero los dolores continuaban y no podía dar ni siquiera un paso.

Los doctores informaron a la familia que los pulmones de Toño eran inútiles. Era necesario un trasplante doble. Cuando dieron este diagnóstico, Carla se comunicó con el Dr. Juan Rivera quien le recomendó un grupo de asesores para encontrar el lugar indicado para llevar a Toño. Fue en esos días cuando Carla recordó el caso de otro amigo de la familia, José Luis Rodríguez «El Puma», quien había sobrevivido con éxito a una cirugía similar en Miami, justo donde ellos también estaban. Y fue en el hospital Health Shands de la Universidad de Florida, en Gainesville, donde el Dr. Andrés Peláez aceptó el caso.

Una semana después de haber llegado ahí, la familia recibió la alentadora noticia de la llegada de un par de pulmones, sin embargo, no fueron aptos para Toño. La tristeza volvió y la espera continuó hasta que un día Carla fue avisada que otro par de pulmones estaban disponibles, y que esta vez era muy probable que fueran compatibles con Toño.

El Dr. Tiago Machuca fue el encargado de llevar a cabo la cirugía y Toño salió respirando. Respirando por fin, gracias a Dios, a los doctores, al amor de su familia y a un incógnito donador cuya identidad no se podrá saber hasta después de un año.

Miguel Alemán Velasco

Hoy veo la vida con otro color,
respiro profundamente cada vez que sale el sol,
sueño con intensidad y con pasión.

Hoy más que nunca,
celebro la vida con emoción,
le doy valor a las cosas que tienen valor.

Hoy, yo… ¡vivo!,
siempre de la mano que me toma,
siempre de la mano que me aprieta,
siempre de la mano que me guía,
siempre de la mano que me dice: «aquí estoy».
Siempre voy de la mano de Dios.

Toño Mauri

INTRODUCCIÓN

Cuestiones del destino

Abrí mis ojos lentamente y pude percibirlo… Dios se manifestaba en forma de una cálida luz que entraba por la ventana, envolviendo como un ángel a ese ser humano maravilloso que siempre me ha acompañado, Carla, mi esposa. La vi sentada frente a mí. Instantáneamente me sentí tranquilo, seguro, a pesar de que aún estaba desorientado. Lo primero que reconocí fue su sonrisa y, después, aquella mirada capaz de iluminar mi mundo por completo. No podía sentir más que paz. «¡Estoy vivo!» fueron las dos palabras que cruzaron como estrellas fugaces por mi mente.

—¿Cómo estás? Qué bueno que despertaste —me dijo Carla con suavidad, pero, sobre todo, con una emoción que parecía haber estado contenida por mucho tiempo, mientras apretaba mi mano y yo la suya.

Me costaba mucho trabajo respirar, pero estaba ahí, al lado de Carla y eso era lo único que importaba. Según yo, solo había dormido en esa cama de hospital unas horas, tal vez unos pocos días. Una semana quizá. ¡Qué equivocado estaba!

No era mucho lo que sabía del mundo en ese momento. Los doctores le habían pedido a Carla que me dijera únicamente lo que yo preguntara y así lo hizo. Poco a poco comencé a descargar una a una las dudas que me abordaban y cada respuesta que recibía me llevaba a una nueva pregunta. En algún momento de la conversación le comenté que imaginaba que ya tenía todo listo para los cumpleaños de nuestros hijos, los cuales, según yo, se avecinaban en los próximos meses. Su respuesta me dejó helado y en ese momento empecé a entender la complejidad de la situación.

—Los cumpleaños ya pasaron, Toño —me respondió con cara de ternura, de compasión, pero muy segura de sí misma, como si ella ya estuviera esperando esa pregunta y hubiese ensayado su respuesta.

—¿Ya pasaron? —No podía creerlo. Un nuevo sentimiento de confusión me abordó por completo, pero en esta ocasión con mucha mayor intensidad—. ¿Cuánto tiempo llevó aquí? —pregunté con miedo a enterarme de la respuesta.

—Toño, llevas 4 meses. Estuviste en coma.

Un escalofrío me recorrió el cuerpo completo, sentí terror y mi corazón se aceleró. En ese momento, mi apreciación del tiempo se alteró y nunca ha vuelto a ser igual. Tantas cosas habían pasado en mi vida y en la de mi familia, y fui un total ausente del mundo; es una paradoja entenderlo, pero mi propia vida continuó sin mí. Comencé a buscar en mi memoria, a hurgar entre mis recuerdos, pero no encontré ninguno que rellenara ese espacio de tiempo. Me perdí por cuatro largos meses de mi propia existencia, de mi propia historia. ¿Cómo puede ser eso posible? Aún recordaba nítidamente cómo había llegado a ese lugar, como si tan solo hubiesen pasado unas horas.

Todo empezó con los típicos síntomas de los que muchos hablaban, sin embargo, arropado por mi constante optimismo y mi amor a la vida, siempre pensaba: «Eso no me va a pasar a mí, eso no nos va a pasar a nosotros». Escuchábamos noticias en la televisión de los estragos en la salud a causa del virus. De este virus que nos tomó por sorpresa a todos: el Covid 19. En casa siempre vimos a este enemigo silencioso con respeto y, sobre todo, lo manejamos con mucha responsabilidad. Hicimos todo lo humanamente posible para cuidarnos, por lo que me era difícil entender que aquel domingo por la tarde en que llegué al hospital, eso que tanto leíamos en las noticias, me estuviera pasando a mí. Quería hacerme a la idea de que unas horas después regresaría a casa a ver nuestra serie favorita de televisión como siempre. Todos juntos, Carla, mis hijos y yo. Aun cuando recuerdo entrar al enorme y solitario pasillo del hospital, rodando en una silla de ruedas y con una máscara de oxígeno en la cara, nunca imaginé que la cosa sería para tanto. Sin embargo, ahí estaba yo… cuatro meses después de esa tarde que jamás olvidaré, sin saber qué había pasado conmigo. Y, sobre todo, sin siquiera imaginar lo que vendría a continuación…

El haber despertado de un profundo sueño de más de cien días y mi dificultad para respirar empezaban a generar cierta incertidumbre dentro de mí, como si mi cuerpo me estuviera tratando de avisar que «algo» más estaba por venir. Trataba de mantener la calma repitiéndome en voz baja que todo estaría bien. «No será la primera vez que un Mauri tiene que enfrentar una batalla», pensé. Sé que la resiliencia, el amor por vivir y la fuerza ante la adversidad las traigo en la sangre. Así es mi historia, así ha sido.

Lo que sé de mi existencia es que la gran batalla por la vida empezó muchos años antes y muy lejos de la cama de ese hospital.

La historia es maravillosa y siempre me llena de inspiración el recordarla, y en esa ocasión, acostado yo, con Carla tomándome la mano, recordé todo lo que me habían contado mis padres: su historia que comenzó en las cálidas tierras caribeñas de Cuba.

Voy a narrarla porque sé que conocer mis orígenes te permitirá entender por qué un Mauri no se rinde. Así que continuaré con el breve relato de la historia de mi infancia y juventud hasta entrelazarlas todas de nuevo con la actual.

* * *

A principios de los años 60's, mis papás estaban recién casados y vivían en el pueblito de Trinidad. Esta hermosa villa, establecida por la UNESCO como patrimonio de la humanidad, es un tesoro vivo, fundada hace más de 500 años por la corona española. Sus calles adoquinadas y sus casitas de tejas antiguas le confieren su propia identidad colonial, colmada de pintoresco arte, música caribeña y clima tropical.

Mi padre era hijo único y vivía con mi madre en casa de mis abuelos, una casa muy bonita con el característico aspecto colonial. Allí pensaron en construir su vida juntos, pero el destino tenía planes distintos para ellos y más temprano que tarde lo descubrieron.

Durante esa época, muchos jóvenes opositores al gobierno de Fidel Castro, quién había asumido el poder en el año 1959, se reunían clandestinamente para organizar sus luchas contra las medidas establecidas por el nuevo gobierno y alzar su voz ante los cambios que se pretendían imponer. Mi padre era uno de esos jóvenes inconformes, que se congregaba junto a un grupo de amigos pertenecientes a Trinidad y las localidades cercanas para analizar la situación.

Como en otras tantas ocasiones, mi papá asistiría a una de las asambleas, pero esa noche, por alguna razón que nadie se explica, mi mamá le pidió algo muy inusual: que se quedara con ella, que no fuera. Mi papá era un hombre de compromisos y le era muy difícil faltar a una reunión de aquellas, especialmente cuando se trataba de una causa tan importante como esa, pero, por alguna razón que tampoco nadie se explica, él, esa noche, accedió. Decidió quedarse en casa con mi madre. Jamás imaginaron que esa decisión le salvaría la vida, pero lo llevaría a emprender una intensa lucha por vivir como un guerrero.

Al igual que mi padre, ciertamente yo había luchado por mi vida durante esos cuatro meses, pero la mía había sido una batalla distinta a la de él, yo había «luchado sin luchar». ¿Cómo se puede pelear por lo que más amas estando dormido? Pues así fue, aunque, en realidad, mi verdadera lucha estaba por venir. Sería una férrea pelea a muerte, así como la que había enfrentado mi padre en Cuba.

El grupo de jóvenes en contra de Fidel Castro había sido localizado y justo esa noche fueron capturados por los soldados. Lo cierto es que cualquier grupito que se moviera en contra del sistema, terminaba siendo asesinado y los amigos de mi padre no tuvieron un destino diferente.

La noticia corrió como pólvora y llegó rápidamente a oídos de mi familia, la angustia los abordó por completo porque sabían que en cualquier momento irían a buscarlo. ¡No se equivocaron! Los soldados no tardaron en darse cuenta de que les faltaba uno de los subversivos y, por supuesto, ese que faltaba era mi papá.

Una madrugada, se escuchó de repente un violento golpeteo en la vieja ventana de madera de la casa. Él sabía de quién se trataba, solo los soldados del régimen tocan de esa forma una puerta, y solo ellos van a buscar a alguien de madrugada. Mi papá imaginó cuál sería su destino, no tuvo más opción que abrir. Los soldados le aguardaban, pero delante de ellos, el general responsable de la brigada cruzó miradas con él. No era la primera vez que sus ojos se encontraban; ambos se reconocieron y quedaron paralizados instantáneamente. Ninguno de los dos hubiera imaginado volver a toparse en la vida y menos en esa situación.

El general era el mejor amigo de mi papá durante su infancia, aquel con quien creció desde chiquito y corrieron deslcazos muchas tardes por las calles empedradas de Trinidad. La vida te da sorpresas y Dios jamás te suelta. Ahí estaban los caminos del destino y la paradoja de la vida haciendo de las suyas. Los viejos amigos de la infancia se volvían a encontrar, pero ahora en condiciones muy distintas a las de aquella niñez inocente. Al reconocerse, ambos quedaron sin aliento. El viejo amigo de mi padre, en traje de soldado, se acercó a él quedando a centímetros de su cara, lo miró directamente a los ojos y le dijo:

—Te doy 5 minutos para que te despidas de los tuyos y salgas. Nos tienes que acompañar.

Aquellas palabras salvarían la vida de mi papá. Él sabía que en realidad lo que significaban era que, aquel viejo amigo de su niñez, quien hoy se había convertido en un solado del régimen, le estaba dando a mi papá la última oportunidad para salvarse. Solo tenía unos minutos para escapar o esconderse, y él entendió perfectamente el mensaje oculto entre las palabras firmes de aquel general. Rápidamente regresó dentro de la casa, tenía que tomar decisiones y carecía de tiempo para pensar. Corrió hasta la habitación donde dormía mi mamá, le dio un beso y se despidió.

—Eres el amor de mi vida. Espero que algún día nos volvamos a encontrar.

—¿A dónde vas? —le preguntó ella somnolienta sin entender, mientras él se alejaba irremediablemente sin dar explicación. Luego se dirigió hacia el cuarto de sus papás y, de igual forma, les dio un beso mientras se despedía tristemente de ellos también.

Despedirte de los que más amas, sabiendo que quizá jamás volverás a verlos en la vida, debe ser una de las sensaciones más dolorosas que un ser humano pueda experimentar. Yo no tuve esa opción, dormí cuatro meses sin saber lo que pasaría. Al menos mi padre pudo tomar sus decisiones.

Todo fue muy rápido. Mi papá tomó una escalera y subió al techo de la casa, brincó a unas tres o cuatro casas contiguas. Después saltó a la calle, pero tanto la altura como la oscuridad fueron inclementes y tuvo una mala caída. La adrenalina le impedía sentirlo, pero se rompió la pierna. Fue a parar a la casa de unos vecinos y, como todos se conocían en el pueblo, no dudaron en ayudarlo, aunque no podían mantenerlo mucho tiempo allí porque sabían que ya lo buscaban entre las casas cercanas.

Para ese momento los soldados ya habían entrado en la casa de forma amenazante e intimidante. Arremetieron contra la puerta y se abrieron paso sin siquiera mediar palabra. Mi mamá y mis abuelos estaban desconcertados, nerviosos y muy temerosos. Uno de los soldados les dijo que ya habían matado a mi papá. Los tres se soltaron en llanto, mi mamá se desbordó al piso en un grito de profundo dolor. La falsa noticia los había devastado. Para los soldados la misión estaba cumplida aun cuando no habían localizado a mi papá. Salieron de la casa de prisa, sin cumplir su cometido, sin embargo, el daño estaba hecho. Tiempo después, mi abuela enfermó de diabetes, producto de creer que jamás volvería a ver a su hijo con vida y que había muerto indefenso, pero, sobre todo, inocente. Sin un crimen encima más que el de defender los derechos más elementales de la vida.

Pero mi papá estaba más vivo que nunca, luchando por sobrevivir y la batalla apenas comenzaba para él. Sabía que en La Habana tendría más oportunidades. No tenía un plan concreto, pero al menos en la gran ciudad descubriría más opciones, aunque llegar allá resultaba ser una alternativa casi inviable. No cualquier persona podía acercarse a la ciudad, había retenes como parte del control militar y era casi seguro que los soldados lo estarían buscando; además, la ruta de Trinidad-La Habana paraba en diferentes pueblitos a recoger gente y eso aumentaba las posibilidades de ser localizado. El camino más seguro era al mismo tiempo el más peligroso, sin embargo, no había otra opción. Mi papá decidió tomar el riesgo. Tomó una *guagua*, que es el nombre con el que se conoce al autobús en ese país, y se embarcó en ella... con miedo ante el incierto futuro que le esperaba. El abordar ese autobús podría convertirse en un camino hacia la muerte, un camino hacía la vida y un camino que lo alejaba del amor de su vida. ¡Todo a la vez!

De allí en adelante, la forma en que ocurrieron los hechos no puede tener otra explicación más que la de que mi papá siempre estuvo acompañado de la mano de Dios. Estaba destinado a ser así y así sucedió. Tal y como yo me sentía aquella mañana en el hospital, donde estaba tomado de la mano de Dios y de la de Carla, pero mi lucha aún ni comenzaba.

Como era lo estipulado, la *guagua* paró en el siguiente pueblo y allí se subió un general del ejército. Mi papá palideció y empezó a sudar frío. El miedo a ser apresado y el dolor de la pierna se entremezclaban en una sinfonía sin fin, en la cual era imposible determinar quién llevaba el control de los acordes. Sus pensamientos se atropellaban unos a otros, miraba para todos lados sin saber qué hacer. Estaba acorralado, rendido, agotado. Solo repitió para sí: «Bueno, hasta aquí llegué. Seguramente me van a agarrar. Que sea lo que tenga que ser».

Con el sudor frío escurriendo de su frente y el corazón a punto de salir de su pecho, el general se sentó justo a su lado. Mi papá pensó que no podía tener peor suerte y trató de pasar desapercibido, pero era evidente el dolor que sentía en la pierna y el general interesado le preguntó por ello.

—Oye, muchacho, ¿qué te pasó?

—Es que tuve un accidente en la casa. Me caí y voy a La Habana para que me curen —dijo sagazmente, aunque con un débil hilo de voz que delataba su nerviosismo, su ansiedad.

De inmediato el general volteó hacía el chofer y con la autoridad propia de su rango, le dijo:

—Ya no pares por más gente. Sigue directo hasta La Habana para que este muchacho pueda llegar y le atiendan esa pierna.

—Sí, general. Como usted ordene —respondió el chofer.

El general se dirigió al frente del autobús, el cual siguió su camino. Mi papá, aún estresado por los hechos, vio cómo se alejaba la *guagua* del pueblo, dejando a los solados atrás. Al principio no podía creerlo. «Dios está conmigo», pensó. La primera prueba de ese camino incierto hacia la vida o la muerte había sido superada.

Al pasar por cada uno de los retenes, los soldados veían al general y le abrían paso a la *guagua*. Así estuvieron por varias horas hasta llegar a La Habana. «De veras que Dios te pone tu camino», recordaba mi papá cada vez que nos contaba la historia.

Estando en la ciudad fue a buscar a una amiga con quien estudió leyes en la Universidad de La Habana. Ella era secretaria en la embajada brasileña y mi papá le pidió ayuda para entrar a la embajada en calidad de asilado político. Le explicó que su vida corría grave peligro.

—Tuve que huir de Trinidad. Me están persiguiendo. Por favor, ayúdame, no tengo a quién más recurrir.

—Tony, es imposible que entres a la embajada. Hay tres retenes antes de llegar a la puerta. Podrás pasar el primero y hasta el segundo, pero ya para el tercero no llegas. —Con desánimo le explicó lo complicado de la solución que mi papá buscaba esperanzado.

Sin embargo, dos muchachos que estaban en esa misma casa escucharon la conversación y le comentaron a mi papá que ellos también buscaban la forma de entrar a la embajada y tenían un plan. Iban a ir en un coche y, durante el cambio de guardia, tumbarían el primer retén y hasta el segundo, llegando a estar cerquita del tercero. Lo importante era llegar a ese punto que correspondía a territorio brasileño, por lo que automáticamente contarían con la opción de pedir asilo político. El plan era arriesgado, pero parecía ser la única opción viable, o, mejor dicho, la única opción. Decidieron llevar a cabo el plan; meticulosamente revisaron una y otra vez sus movimientos, los horarios del cambio de guardia, las rutas para llegar a la embajada. Cualquier paso en falso o cualquier error podría costarles la vida.

Había llegado el momento y, al amanecer del día pautado, mi papá se subió al asiento delantero del coche para mejor comodidad de su pierna que aún le dolía mucho, pero uno de los muchachos lo mandó al asiento de atrás, y el auto avanzó.

Con el corazón bombeando a todo lo que es humanamente posible soportar, los tres hombres pusieron en marcha su plan. El reloj marcaba las seis de la mañana en punto. Justo en el cambio de guardia se aventuraron al primer retén, lo golpearon con toda la potencia que daba el coche y derrumbaron todo a su paso. Los soldados se alertaron y ya en el segundo retén les empezaron a disparar. La escena fue terrible y ocurrió en fracción de segundos, pero para mi papá ese instante fue eterno. Las balas golpeaban sin contemplación al coche, escuchaba los impactos sobre el metal e, instintivamente, lo único que pudo hacer fue agacharse para protegerse. Al atravesar el segundo retén en medio de una escena de guerra, solo quedaba la reja de entrada de la embajada. A pesar de los ataques, el auto siguió a toda velocidad hasta que de repente... se escuchó un fuerte impacto y el coche se detuvo. Un poco confundido por toda la situación, mi papá se asomó con cautela por la ventana y pudo percatarse de que la reja había sido derribada. El coche entró a la casa de la embajada. Se encontraban en territorio brasileño.

Con dificultad trató de salir del auto. Se sentía a salvo y estaba a punto de estallar en júbilo cuando miró a los dos muchachos sentados adelante y su reciente felicidad se ensombreció. Habían muerto. Recibieron todo el impacto de las balas y mi papá estaba completamente ileso, ni un rasguño tenía. Suspiró con tristeza, pero no podía hacer nada por ellos y, como pudo, entró a la casa.

De no haber sido porque a mi papá le cambiaron el asiento poco tiempo antes de emprender el plan, la historia de mi familia jamás existiría. Pero Dios, como arquitecto de la creación, tiene su plan acerca de cada uno de nosotros y determina la dirección de la vida.

Era apenas el amanecer y el ruido despertó a todos en la embajada. Un guardia lo agarró por los brazos y trataron de sacarlo, pero mi papá se resistió. La situación era todo un escándalo y llegó el embajador. Le dijo que si no se salía seguramente tomarían represalias contra su familia. Mi papá había estudiado leyes, así que era muy astuto y sabía perfectamente cuáles eran sus derechos. Solicitó verbalmente asilo político y el embajador no se lo pudo negar. Legalmente la embajada estaba obligada a concedérselo, así que, sin más remedio, tuvieron que aceptarlo.

Atendieron su maltrecha pierna, le adaptaron un cuartito en la parte trasera de la embajada e iniciaron el trámite de asilo, el cual podía llegar a tardar meses. Allí vivió durante un tiempo sin saber cuál sería su destino. Y, sobre todo, extrañando a las personas que más amaba, pero agradecido con Dios por estar vivo. Los días en la embajada eran muy largos, el no saber nada de mi madre, de mis abuelos ni de su proceso de asilo le provocaba una gran preocupación.

Necesitaba algo que le ayudara a hacer más llevadera su estancia, que le ayudara a la fuerza moral que tanto necesitaba. Y rápidamente encontró regocijo en lo que le gustaba.

A mi papá le encantaba cantar, y cerca del pequeño cuarto donde se hospedaba había una vieja guitarra, así que decidió ponerse a tocar y cantar. Durante los atardeceres se acercaba a la ventana del cuarto para tocar las canciones al son cubano que tanto le gustaban, recordando a la amada familia que había dejado atrás.

Un día, sumido en la tranquilidad que le proporcionaba la música, la puerta de su cuarto se abrió con suavidad y tras ella estaba el embajador con un puro y una botella de ron. Le dijo que lo había estado escuchando tocar y cantar por varios días y que le gustaba mucho cómo sonaba. Quería acompañarlo.

Mi papá estaba sorprendido, no esperaba ese acto de hospitalidad, sin embargo, los dos pasaron una gran tarde y descubrieron que compartían el amor por la música. La escena se repitió muchas veces. Los dos hombres reían y cantaban, conversaban de música y hasta de la vida. Poco a poco, una gran amistad se formó entre ambos, y el embajador le tomó cariño a mi papá.

Definitivamente ninguna acción en la vida está escrita en piedra; una cosa es lo que planeamos y otra lo que realmente sucede. Durante ese tiempo, Brasil rompió relaciones diplomáticas con Cuba y ya no le podían autorizar el asilo a mi papá. El trámite se detuvo y la embajada cerró sus puertas, mi papá estaba en peligro de quedar a merced de los soldados cubanos. Pero Dios, una vez más, se iba a hacer presente y organizó las piezas del rompecabezas que conformarían el destino de mi padre en los próximos días.

El embajador, para ayudarlo, realizó todos los trámites administrativos para que fuese aceptado en la embajada de México y lo logró. Después de algunos días, él mismo lo trasladó en su coche personal hasta allá. Fueron tan solo un par de calles, porque era la zona de las embajadas y una estaba cercana a la otra, pero todo el tiempo fueron custodiados por soldados armados que les apuntaban con largos fusiles, como aves de rapiña a la espera para cazar a su presa. Este escenario pondría nervioso a cualquiera, pero el embajador le hizo saber que no se preocupara porque estaban en un coche oficial y además estaba él. De ocurrir algo, sería un escándalo diplomático enorme y eso no se lo podía permitir el país.

Al llegar a la embajada mexicana, estos dos hombres que ya no eran desconocidos, sino amigos, se despidieron con un fraternal saludo y, aunque ninguno lo dijo, estaban agradecidos de haber pasado ese tiempo juntos, compartiendo su pasión común por la música y entendiendo más acerca de la vida.

*　*　*

Mi mamá y mis abuelos, al poco tiempo de la huida de mi papá, se enteraron de que fueron engañados y que él estaba vivo. La embajada de México planificó un encuentro entre ellos y finalmente, después de meses de incertidumbre, de llanto y desesperanza, mi papá se reunió con mi mamá y mis abuelos. Entre abrazos y lágrimas los cuatro se reconfortaron. La felicidad que sintieron al reunirse fue inmensa, sobre todo, cuando mi mamá lo miró a los ojos y supo que definitivamente eran el uno para el otro, aunque la distancia los separase, aunque el tiempo fuese un obstáculo para reencontrarse. En ese instante, supieron que no había amor como el de ellos. Esa mirada solo te la da la persona que amas e imagino que era la misma mirada que vi en Carla al despertar en mi cama del hospital esa mañana. La misma mirada que conozco por años y por la cual me siento el hombre más afortunado del planeta.

En ese momento no lo sabían, pero, tristemente, aquella celebración en la embajada mexicana sería la última vez que mi papá vería a mis abuelos. Mi papá tenía que abandonar Cuba porque seguía siendo un perseguido político, así que, en cuanto el salvoconducto llegó, él emprendió su viaje a México. Con tan solo 22 años y sin conocer a nadie, empezó una nueva vida en aquellas tierras totalmente desconocidas. Llegó al país que le abrió las puertas con el corazón lleno de esperanza, con ganas de salir adelante, pero sabiendo que el camino no sería fácil. Le tocaba empezar de cero, con tan solo el equivalente a $ 30 dólares en su bolsillo. No le alcanzaba para mucho, así que lo primero que hizo fue irse a un hotel muy barato, ahí logró descansar un poco y comenzó a planear lo que iba a pasar con su vida.

Decidió viajar a Mérida, Yucatán por la cercanía geográfica que guarda con Cuba. Sentía mucha nostalgia y era lo más cerca que podía estar de las personas que tanto amaba.

Mi papá era bien parecido, amigable y de carácter fácil, así que era aceptado rápidamente por las personas. Creo que su personalidad jocosa y vibrante le ayudó a abrirse camino en esa ciudad, tan cálida tanto en su clima como en el trato de su gente.

Conoció a una familia muy hospitalaria que le ofreció un cuarto en su casa, además de trabajo. Ellos vendían vajillas de puerta en puerta y mi papá ganó su primer dinerito de esta forma. Tenía donde resguardarse por las noches, un trabajo y comida, así que podía dejar de preocuparse por lo básico.

En la esquina de la casa había un barecito muy turístico y rápidamente se hizo amigo del dueño. Por las tardes, cuando terminaba su trabajo temprano, se iba a cantar al lugar. Mi papá nunca tomó ni fumó, pero, en la oficina del dueño, hacían la bohemia los dos.

Un día llegaron tres personas a tomarse unas copas y lo oyeron cantar.

—¿Quién canta? —preguntó uno de ellos.

—Un cubanito que a veces viene para acá —respondió la persona que atendía el bar.

—Oiga, pregúntele al cubanito si vendría a cantarnos un par de canciones.

Entonces, le comentaron a mi papá y, como era su personalidad, estaba encantado; donde pudiera cantar, cantaba. Salió de la oficina, se presentó ante ellos y cantó con gran emoción.

En esa época era muy extraño ver a un cubano en México, así que uno de esos hombres sintió tanto interés por su voz que le preguntó:

—Cuéntame un poco de ti. ¿Cómo hiciste para salir de Cuba?

Mi papá les contó toda su historia y cómo, estando recién casado, se tuvo que separar de su amada esposa. Absortos, escucharon con atención cada una de sus palabras y luego, con una gran sonrisa en la boca, el hombre que le había mandado a llamar dijo, tras darle una palmada fuerte en el hombro:

—Yo voy a sacar a tu esposa de Cuba y te la voy a traer a México.

—Oiga, se lo agradezco, pero mire, créame que es muy difícil. El régimen no va a dejar que la saque —le respondió mi papá con total incredulidad.

Mi papá estaba convencido de sus palabras, pero igual estaba aquel hombre de las suyas.

Al final, aquel desconocido le entregó una tarjeta a mi papá y repitió:

—Te aseguro que la voy a sacar.

Definitivamente nada es coincidencia en esta vida y Dios nos pone en el camino a las personas que nos pueden ayudar a seguir nuestro destino. Mi papá fijó la mirada en la tarjeta y leyó «Secretario de Relaciones Exteriores», y resulta que las dos personas que lo acompañaban eran sus asistentes. Todos ellos estaban por trabajo en Mérida. Su hotel estaba justo al frente del bar, por eso fueron a tomar una copa el mismo día y hora en qué mi papá estaba cantando en la oficina del dueño. ¿Te das cuenta? Todo es cuestión de Dios, Él crea el destino.

Nuevos vientos de cambio le tocaban la puerta a mi papá. La relación entre ambos continuó y el hombre cumplió su promesa. Realizó todas las gestiones necesarias para traer a mi mamá, mientras que para mi papá había una nueva esperanza: estaba cerca del sueño de volver a reunirse con el amor de su vida y empezar a hacer su familia. Mientras la esperaba, se trasladó a la Ciudad de México para trabajar. Con el dinerito que había ganado en Mérida, rentó un departamentito muy pequeño. En la gran ciudad apenas ganaba lo suficiente para mantenerse día a día, sin embargo, constantemente le escribía a mi mamá y le decía que le estaba yendo muy bien, que ganaba bastante dinero, pero a la hora que ella llegó, se dio cuenta de que no era así, que le había costada mucho trabajo tener las cosas que tenía.

El encuentro entre ambos fue maravilloso. Apenas cruzaron sus miradas en el aeropuerto, los corazones latieron aceleradamente. Corrieron uno al otro, se abrazaron, se besaron y justo en ese instante supieron que nada en el mundo podría volver a separarlos.

Esa fue quizá la misma sensación que yo sentí aquella mañana en el hospital, esa sensación de estar con mi familia, con Carla a mi lado después de despertar de ese sueño tan prolongado. Cuatro meses parecen mucho y parecen poco, dependiendo de las circunstancias de la vida.

Ese día en el hospital, yo me estaba preparando para vivir mi propia batalla por la vida. Ese hospital, aunque muy cálido, era mi propia Cuba. Tenía que salir de ahí, y mi batalla... apenas comenzaba.

PARTE I

VIDAS ENLAZADAS

CAPÍTULO 1

Un carrusel de sorpresas

La vida tomaba forma, mi papá ya tenía un grupo de amigos consolidado. El tiempo de estar solo quedó atrás como una bruma oscura que se iba desvaneciendo cada vez más. Por primera vez en mucho tiempo, tenía gente con quien reunirse, apoyarse y su círculo se hizo mayor cuando encontró un club llamado *El círculo cubano* donde solamente iban cubanos. Y ya te puedes imaginar lo feliz que estaba, acompañado de su gente y por supuesto de la música que nunca podía faltar. Descubrió que en México había una colonia de cubanos y eso le hizo sentir que un poquito de su tierra se hallaba con él. Por su parte, mi mamá consiguió trabajo en el colegio María Montessori como maestra, cosa que fue ideal porque ella había estudiado para ello. Nada mejor que desempeñarse en lo que tanto le apasionaba: la educación. Además, quedaba a tres cuadras de la casa, por lo que no tenía que preocuparse de las distancias en una gran ciudad que aún no conocía del todo.

Al poco tiempo la familia empezó a crecer. Primero llegué yo, a los dos años, Graciela, y después Fefi. Los tres fuimos a la escuela donde daba clases mi mamá y, como los otros niños, estudiamos y jugamos.

En aquella época había un programa de televisión muy famoso en el canal 2 que tenía un espacio dedicado a Capulina, el comediante de moda. Capulina era nuestro ídolo y el de muchos otros niños, así que cada sábado nos sentábamos a disfrutar de aquellas películas que nos hacían reír tanto. El programa duraba cuatro horas y la película la dividían en pequeños pedazos. Entre corte y corte, había una transmisión en vivo desde el foro del estudio.

Mi hermana Graciela tenía 6 años, estaba muy chiquita y recuerdo que soñaba con ir al programa, se imaginaba sentada entre el público, aplaudiendo, riendo y bailando. Entonces, decidió contarle a mamá las ganas que tenía de estar en el estudio y, viendo su emoción en cada una de sus palabras, mi mamá no pudo resistirse a su solicitud.

—Voy a investigar cuál es el procedimiento y dónde hay que ir para buscar los boletos —le dijo a Graciela tomándola de las mejillas con ambas manos y ella se emocionó. Su gran sueño de estar en el programa estaba a punto de hacerse realidad.

Quién diría que el deseo de esa niña inquieta cambiaría el rumbo de mi propia vida.

Mi mamá llegó sola a Televicentro Chapultepec, hoy Televisa, y se dirigió al estudio para investigar el proceso y darle una sorpresa a su hija. Había dos filas y decidió formarse en la más corta. Avanzaba muy lentamente y cuando finalmente llegó al frente le preguntaron:

—¿Cuál es el nombre de la niña y su acompañante?

—Mi hija es Graciela Mauri y yo soy su mamá, Josefina Mauri.

—Tienen que venir el próximo sábado.

Tras indicarles la hora en que debían presentarse y la puerta por la que debían entrar, mi mamá regresó a casa, buscó a Graciela y con una gran sonrisa le dijo:

—Te tengo un regalo, uno que te va a encantar, conseguí los boletos para ir al programa.

Los ojos de Graciela se iluminaron y la abrazó muy emocionada.

—¡Mi gran sueño! Muchas, muchas, muchas gracias, mamá.

Por fin, podría cumplir ese deseo que cada sábado la transportaba al mismísimo escenario del programa. Yo creo que la noche anterior ni durmió de la emoción. Se levantó muy temprano deseando que las horas pasaran rápido para ir al estudio.

Graciela no dejaba de insistirle que se fueran ya; los demás nos quedamos en casa frente al televisor tratando de encontrarlas entre el público.

Al llegar a Televisa había un grupo de personas delante que iban a hacer de público y, como ellas estaban allí para lo mismo, las siguieron. Cuando llegaron a la puerta, un joven les preguntó sus nombres y, tras escudriñar minuciosamente una lista, les dijo:

—No, ustedes no están anotadas para el público. La niña está registrada para el concurso.

Sin enterarse, mi mamá se había equivocado de fila cuando fue por los boletos y se formó en la fila del concurso, no en la del público del programa.

—¿Qué concurso? ¿De qué se trata el concurso? —preguntó mi mamá totalmente confundida.

—Estamos buscando a una niña para hacer una telenovela y usted inscribió a su hija allí —le explicó.

Resulta que la televisora estaba por lanzar su primera telenovela infantil y se les ocurrió hacer un concurso de actuación en el programa de mayor *rating* en el país. Por supuesto que de esa forma llegarían a una mayor cantidad de personas y seguramente hallarían a la niña perfecta para lo que esperaban fuese un éxito televisivo.

Estar en el escenario significaba conocer a Capulina y eso le dio mucho gusto a mi mamá. Sería una gran oportunidad para que Graciela conociera a su ídolo en persona. Entonces, ni lo pensó. De inmediato aceptó. Todos en la casa nos llevamos una gran sorpresa cuando estábamos viendo el programa y comenzó el concurso, Graciela salió al escenario.

—¡Papá, mira, Graciela está en el concurso! —gritábamos Fefi y yo emocionados.

—¿Qué hace Graciela allí? —preguntaba mi papá una y otra vez, tan desconcertado como nosotros. Sin poder averiguar nada en ese momento, continuamos viéndola por televisión.

¿Puedes imaginar qué sucedió después? Pues Graciela fue pasando de eliminatoria en eliminatoria, hasta que al final del día ganó. Había clasificado para la siguiente fase del concurso. Fue una locura. No cabíamos de emoción en la casa. Mi hermanita jamás había actuado y se estaba llevando la aclamación del público y del jurado. Definitivamente su gran personalidad y carisma la hacían brillar en el escenario como toda una estrella.

Para ese momento, Raúl Astor, directivo de Televisa, y Valentín Pimstein, productor de la telenovela, fueron a hablar con mi papá. Ellos estaban convencidos de que Graciela era la niña que buscaban y necesitaban saber si mi padre estaba de acuerdo con su selección.

—Graciela es la niña que buscamos para la telenovela y necesitamos de tu autorización para seguir adelante porque tu hija va a ganar el concurso. Pero si tú no quieres, buscamos la forma de que gane otra niña.

Mi papá no tenía ni idea de las dimensiones que tendría la telenovela y la verdad es que nosotros tampoco, así que desde su desconocimiento se le hizo interesante la oportunidad y estuvo de acuerdo. Lo único que les pidió es que le ayudaran con las clases de la escuela y, por supuesto, ellos le dijeron que solucionarían ese asunto.

El concurso siguió su rumbo y a la hora de la final pasó lo que no imaginaron que ocurriría. Por una diferencia de un punto Graciela quedó en segundo lugar y otra niña ganó.

A mis papás les sorprendió la decisión, pero, a pesar de que Graciela estaba muy triste, la vida continuaba y teníamos que seguir nuestro camino. Nosotros ya empezábamos a olvidarnos del asunto, pero Valentín Pimstein no se rindió tan fácilmente. Él estaba convencido de que no había niña más perfecta que Graciela para ser la protagonista de la telenovela y a los cuatro días le habló a mi papá.

Como siempre, la alegría de mi papá le dejaba amigos en todos lados y en este caso no fue la excepción. De allí que todos lo conocieran como *el cubanito*.

—Cubanito, te hablamos porque definitivamente tu hija es quien tiene que hacer la telenovela —le dijo Pimstein.

—Pero, ¿cómo? Si otra niña ganó ese lugar.

—No te preocupes, ella tiene su premio y estará en otros proyectos…

Días después, anunciarían a Graciela como la protagonista infantil de la telenovela *Mundo de juguete*.

Mundo de juguete se transmitió a mediados de los años 70 y no solo es la primera telenovela infantil de Televisa, sino que también está considerada como la primera telenovela de larga duración en el país. Empezó con 150 capítulos, pasó a 300 y al final se grabaron más de 600 capítulos. Actores y actrices de gran renombre como Irma Lozano en el papel de la hermana Rosario, Ricardo Blume como el papá, Sara García como la abuela, Gloria Marín como la madre superiora, Eva Muñoz «Chachita» como la hermana Carmela y un gran número de estrellas más, transitaron por las puertas del estudio. Tuvo una duración de 3 años. Su éxito fue rotundo y muchas cosas pasaron en el trayecto. Graciela perdió los dientes como parte de su proceso de crecimiento, se le cayó una cantidad considerable de cabello —producto de los bucles que le hacían todos los días (eso fue lo peor)—, pero iba ganando experiencia en su desarrollo teatral. Tenía un gran talento para llorar, así que las escenas con Sara García eran impresionantes. Enternecía a cualquiera con su llanto natural y fuerte, lo que la acercó cada vez más a un público que se sentía identificado con ella.

Todo esto trajo un cambio en nuestras vidas y, particularmente, en la mía. Allí empezó mi propia carrera, mi propio destino. Yo tenía dos años más que ella y recuerdo pasearme por los otros foros de Televisa cuando tenía como 10 años. Al frente del estudio de *Mundo de Juguete*, grababan el *Chavo del 8* y me convertí en amigo del Chavo, de la Chilindrina y de Kiko. Me metían al barril, me sacaban. La verdad, era muy divertido; reíamos todo el tiempo y ellos bromeaban conmigo. Era conocido como el hermano de Graciela y, sin darme cuenta, pasé mucho tiempo acompañándola a las grabaciones;

me sentía parte de todo ese mundo sin realmente serlo, pero estaba feliz y era lo importante.

Cristina Salinas fue el personaje que le abrió las puertas a Graciela en el mundo artístico y cuando finalizó *Mundo de juguete*, Valentín Pimstein le ofreció el papel protagónico en su segunda telenovela infantil y es allí donde Graciela participó en *Gotita de Gente*. Al terminar la novela, se tomó un descanso. El ritmo frenético de las grabaciones la tenían agotada, el cansancio la abrumaba y decidió alejarse un tiempo de la televisión. Quería ser nuevamente una niña, cuya única responsabilidad fuera ir a la escuela, estudiar y jugar. Se lo comentó a mis papás y estuvieron de acuerdo con su decisión.

Luego de unos años regresó a la pantalla chica e hizo un par de telenovelas más. Para ese entonces, ella tenía 14 años y nuevamente yo la acompañaba a las grabaciones, pero, en esta ocasión, las cosas estaban por tomar un rumbo diferente. Era el año 1978 y el Centro de Educación Artística de Televisa abría sus puertas. Más que nada era un proyecto experimental, pero estaba dando sus primeros pasos bajo la dirección de Martha Zabaleta y buscaban alumnos para iniciar. Hijos de actores fueron los primeros en incorporarse y, como yo estaba con Graciela todo el tiempo para arriba y para abajo, me invitaron a participar.

La propuesta se me hizo muy interesante. Realmente no me lo había planteado, pero me detuve a pensar lo mucho que disfrutaba la atmosfera actoral que se desarrollaba en los estudios de grabación y me dije: «¿Por qué no? Nada pierdo con intentarlo».

Desde el instante que tomé esa decisión, mi vida adquirió un nuevo sentido. La carrera de actuación duraba 4 años y en la escuela encontré grandes maestros y compañeros, y aprendí cómo funcionaba el sistema de preparación artistica. Me vi envuelto completamente en todo ese conocimiento y me encantó. Sentí que pertenecía a ese ambiente, era lo mío, y hoy sé que la mano que mueve mi destino me puso en el lugar que tenía que estar, cuando correspondía.

A los 17 años, tras dos años de estudios, la oportunidad tocó a mi puerta. Tan ágil como el viento me aferré a ella y no la dejé escapar. El productor Luis de Llano realizó una convocatoria para un programa de televisión cuyo eje central era una cafetería y se llamaba *Fresas con Crema*. Empezaron las audiciones para buscar a un grupo de chavos que formaran el elenco de la cafetería y yo participé, pero en el proceso las audiciones tomaron un contexto diferente. Ya existía el programa de los *¡¡Cachún Ra-Ra!!* y, de haberse consolidado *Fresas con Crema*, se habría convertido en su competencia y no era el objetivo de Televisa.

No obstante, una idea más fuerte jaló los hilos en otra dirección y dicha idea fue el auge que tenían los grupos musicales en esa época. El grupo Menudo fue el punto de partida, marcó un antes y un después en grupos juveniles y rápidamente se volvieron una moda. Como la espuma, creció el interés por este nuevo concepto y en muy corto tiempo ya existían más de 200 grupos. México no se quedó atrás en esa tendencia. Se estaban formando Timbiriche, Dinamita y muchos más. Entonces, Luis de Llano decidió que Fresas con Crema fuese un grupo musical de *pop*, conformado por cuatro niñas y tres niños.

Éramos aproximadamente 40 postulantes. El proceso de selección duró un año y, tras múltiples audiciones, quedé seleccionado junto a Mariana Levy, Daniela Leites, Claudia Fernández, Denisse Bermúdez, Germán Bernal y Andrés Bonfiglio. En la selección inicial había quedado Alejandra Guzmán, pero por decisión de sus papás abandonó el proyecto. Claro, ya todos sabemos que luego tuvo una gran carrera como solista. De allí, pasamos al proceso de preparación que duró un año más y en 1983 fue la presentación oficial en el Palacio de los Deportes de la Ciudad de México.

Yo tenía 18 años cuando grabamos nuestro primer disco, empezamos a tener presentaciones y giras, primero por todo México y después en Estados Unidos. Nos fue muy bien, muchas de las canciones se popularizaron rápidamente.

Con el tiempo Mariana Levy dejó el grupo porque encontró en las telenovelas la oportunidad de desarrollar otra faceta de su carrera artística y fue sustituida por Jacqueline Munguía. Mientras tanto, nosotros continuamos grabando y haciendo *shows* por todos lados. Estaba inmerso en el trabajo, pero algo que al principio parecía sin importancia empezó a llamar mi atención sin imaginar que cambiaría mi vida para siempre. Un nuevo acto del destino iba a ponerme en el camino más importante de toda mi vida.

Cada vez que iba a un programa de televisión me encontraba con una niña. La veía en todos lados sin pensar que trabajaba ahí. No reparé en ella las primeras veces, pero al verla con tanta frecuencia me dije: «Esta niña está en todos los programas, supongo que es parte de su trabajo». De tanto cruzarnos, empezamos a conversar y nos fuimos conociendo. Nos encontrábamos muy ocasionalmente y sin ninguna otra intención; yo seguí haciendo mis cosas, hasta que un día...

Como ya dije y no me cansaré de reiterar, definitivamente Dios se encarga de acomodar las piezas del destino de forma perfecta para que todo en nuestra vida encaje.

Martha Aguayo, quien en ese momento trabajaba en el canal de videos TNT con Angélica Rivera, me comentó que quería presentarme a una amiga suya. Estaba intrigado por la sugerencia, por lo que acepté con gusto. Quedamos en que pasaría a buscarla a su casa y luego pasaríamos a buscar a su amiga.

En cuanto llegamos a casa de, hasta ese momento, la incógnita persona a quien conocería, la vi y le dije a Martha:

—Pero si yo la conozco.

Resulta que era la misma niña con la que tantas veces me había cruzado en los programas: Carla Alemán. Era la hija del presidente de Televisa y por eso era tan común encontrarla en los estudios de grabación, aunque de eso me enteré mucho después. Desde esta primera salida nos convertimos en buenos amigos y... quién diría que, al cabo de los años, esa niña de cálida sonrisa y ojos brillantes sería mi esposa, mi ángel, la mujer que pondría mi mundo, más bien mi corazón, totalmente de cabeza. Y, sobre todo, la mujer que tomaría mi mano en los momentos más importantes de mi vida, incluyendo no solo los buenos, sino incluso aquellos que viví en esa cama de hospital.

Fuimos a un evento en la discoteca *Magic Circus*, un lugar muy de moda en la década de los 80's ubicado al norte de la ciudad. Era una réplica de un circo con pasillos escalonados en torno a la pista, con mesas y una barra que invitaba tanto a beber como a conversar. El set de luces multicolor explotaba en el centro de la pista como complemento a las tendencias musicales de la época. De ese lugar guardo muchos recuerdos agradables y momentos inolvidables.

En esa ocasión, me tocó hacer de jurado en un concurso de baile de varios colegios de niñas. Carla me pidió que al terminar la acompañara al cumpleaños de un amigo de su hermano porque lo tenía que alcanzar allá. No me pareció adecuado aparecerme en el cumpleaños de alguien que no conocía, pero ya que ella me estaba acompañando a mí, decidí acceder. Mi evento se alargó más de lo que esperaba y yo, muy apenado, le pregunté que si prefería que la llevara a su casa. Carla insistentemente me indicó que no, que tenía que llegar con su hermano y, sin mayor intento de hacerla cambiar de opinión, la llevé.

La fiesta estaba en pleno apogeo. Desde antes de que llegáramos se escuchaba la música a todo volumen y voces por todos lados. Apenas entramos, gritos y risas se entremezclaron con la música de manera disonante, se les veía a todos felices. Carla empezó a buscar a su hermano entre un mundo de gente que se veía que estaban pasando el mejor momento de su vida. Finalmente, después de una exhaustiva búsqueda por toda la casa, dimos con él. Su hermano estaba precisamente con el festejado. Resulta que el cumpleañero era nada más ni nada menos que Luis Miguel y Carla ni me lo había mencionado.

Dejé a Carla con su hermano y me despedí. Esa noche, la primera que salimos juntos, fue el principio de una gran historia. A partir de ese momento ella se convertiría en parte de mi mundo, y había llegado a mi vida no solo para quedarse, sino para transformarla por completo. Definitivamente nunca olvidaré esa peculiar experiencia, llena de música y risas.

Después ella se fue de viaje y yo también lo hice como parte de las presentaciones de Fresas con Crema. Pasó un tiempo sin que nos volviéramos a encontrar hasta que llegó el día de mi cumpleaños y fui a festejar con algunos chicos del grupo a un bar que se llamaba *Rock Garage*, al lado del *Magic Circus*. El lugar tenía su propia personalidad, estaba lleno de coches clásicos partidos a la mitad, cuya doble función tanto decorativa como para alojamiento de mesas le confería entretenimiento a todo el que buscase un espacio distinto para pasar el rato en compañía de los amigos.

Era un día entre semana y justo nos dijeron que había un coctel privado, pero como ya nos conocían y solo íbamos a tomar algo, nos dieron una mesita un poco alejada del evento.

Estábamos conversando y recordando anécdotas de los programas cuando Daniela, una de las niñas de Fresas con Crema, empezó a jugar con el agua mineral. Intentó mojarme, pero a la hora que quitó el dedo de la botella, salió un gran chorro que cayó en la mesa de atrás. Supuse que había mojado a una persona y que estaría enojadísima. Instintivamente me volteé para pedir disculpas, pero no podía salir de mi sorpresa cuando vi a esa persona toda empapada. Era Carla. Nos volvíamos a encontrar y de qué forma.

Carla volteó con un rostro que develaba estar a punto de matar a alguien, pero, apenas nos vio, su semblante cambió por completo. Yo le pedí mil disculpas y Daniela también.

—Disculpa. Le estábamos festejando el cumpleaños a Toño.

—Claro, no pasa nada, es solo agua —respondió Carla amablemente. Al final lo tomó como un accidente y acabó riendo con nosotros.

A medida que avanzaba la noche se fue yendo la gente, pero Germán y yo nos quedamos. Al vernos solos, Carla nos invitó a su mesa, me rehusé porque era un evento privado, pero ella, tan insistente y persuasiva como siempre, nos convenció, así que nos sentamos con ella y su amiga.

Platicamos hasta que nos cansamos y me comentó que se tenía que ir de viaje otra vez. Me pareció tanta coincidencia que le dije:

—Oye, tú siempre te vas de viaje cada vez que nos vemos.

—Regresando de este viaje ya me quedo. Nos buscamos a mi regreso para vernos, ¿va?

—Claro. Hagamos eso.

Después de esa segunda vez que nos vimos nuevamente pasó un tiempo, pero esta vez, yo sí sabía cuándo ella regresaría y, apenas llegó, la invité a salir.

Esa vez me llevé una sorpresa que no me esperaba porque cuando fui a recogerla a su casa, estaba toda su familia. Su papá, su mamá y su abuelita fueron muy amables conmigo y lo agradezco. Recuerdo que era un sábado por la noche y estaban cenando, una persona que los acompañaba preguntó:

—¿Y quién es el muchacho?

—Es Toño, canta en un grupo musical —respondió Carla.

—Pero, ¿es bien portado?, porque para salir con mi sobrina tiene que ser un buen muchacho. No cualquiera —comentó bromeando.

Esa persona era el reconocido cantante y actor español Raphael, quien es considerado uno de los precursores de la música romántica en los países de habla hispana. De hecho, en 1982, recibió un disco de Uranio por vender más de 50 millones de discos durante su carrera. Un premio que solo había sido entregado a Michael Jackson y a Queen. Conocerlo fue un gran placer para mí, especialmente porque fue en la primera visita a casa de Carla, además de que descubrí que era una persona sumamente amable y alegre.

Me llamó mucho la atención su comentario porque era la primera salida oficial con Carla, pero no de novios propiamente, aunque ellos así lo pensaran. Estábamos en proceso de conocernos mejor y era solo cuestión de tiempo, poco a poco fui quedando impresionado de su gran personalidad y su forma tan natural de ser.

De eso se trata el amor, ¿cierto? De conocer a tu pareja más allá de las máscaras que todos nos ponemos por agradar, especialmente al principio; sin embargo, Carla era muy transparente, siempre lo ha sido.

De allí en adelante, me la encontraba mucho más que antes. Cuando iba a dar un concierto o cuando estaba en una presentación, Carla siempre estaba entre el público. Con el tiempo me confesó (pero un poco obligada) que siempre iba a verme a mí. La química de pareja se hizo presente, me enamoré irremediablemente de ella y tengo la certeza de que ella de mí, así que empezamos a salir aún con más frecuencia hasta que después de un tiempo oficialmente nos convertimos en novios. En cuanto dio la noticia a sus papás, ellos me aceptaron y me abrieron las puertas de su casa y de su corazón.

Tuvimos un noviazgo muy bonito. Yo iba a su casa y ella a la mía. La relación ya no era solo con Carla, era una relación entre familias. Nada más que vivíamos en lados opuestos de la ciudad, ella en Satélite y yo en El Pedregal, pero esos casi 30 kilómetros de distancia poco importaban.

Después del primer año de novios decidimos estudiar juntos la carrera de Ciencias de la Comunicación en la Universidad del Nuevo Mundo y, sin saberlo aún, ese era el principio de una nueva etapa y de una maravillosa vida juntos. 5 discos y 5 años después, Fresas con Crema finalizaba su ciclo de vida. La efervescencia de los grupos empezaba a disminuir y yo me preguntaba: «¿Qué sigue ahora?». Lo cierto es que no tuve que detenerme a pensar mucho en el asunto porque de repente Televisa me hizo un ofrecimiento que me pondría en el lugar donde debía estar.

—¿Te interesa actuar? ¿Te gustaría hacer una telenovela? —me preguntó uno de los productores de la televisora.

Para mí, actuar era algo totalmente distinto a lo que venía haciendo en Fresas con Crema, pero siempre sentí atracción por las telenovelas, así que dije:

—Sí, encantado. Quiero hacer una telenovela.

Actuar en televisión era ese después que estaba buscando. Una nueva página en mi vida estaba por reescribirse y no cualquiera, era aquella que marcaría el resto de mi vida.

Juana Iris fue el nombre de mi primera telenovela con Victoria Ruffo, Pedro Fernández y Adela Noriega. Después vino *Mi segunda madre* de Juan Osorio y *Simplemente María*, donde yo era el hijo de María que fue interpretada por Victoria Ruffo, así que el personaje tenía gran relevancia en la trama de la historia y fue el que me presentó realmente como actor de telenovelas. Luego de ella, vinieron todas las demás.

La relación con Carla se hizo cada vez más fuerte, ella me acompañaba a las grabaciones y sus papás me invitaban a los viajes familiares. Tras cuatro años juntos me sentí totalmente seguro de que ella era la mujer con quién deseaba compartir el resto de mi vida. Me decidí y durante una cena en un viaje a San Diego, le entregué un anillo de compromiso, al tiempo que le pedía que se casara conmigo. ¡Ella aceptó! Jamás olvidaré ese momento en el que sus ojos brillaron como si fueran luceros en el firmamento. Su cara de felicidad fue el mayor regalo que me dio y desde entonces lo llevo en mi corazón como uno de los maravillosos símbolos de nuestro eterno amor.

CAPÍTULO 2

Ángeles en mi vida

El 22 de febrero de 1992 nos casamos. Carla tenía 22 años y yo, 27. El matrimonio fue un paso muy importante y una transformación en la vida de ambos. Yo seguí mi carrera, pero una vez juntos, las cosas cambiaron un poco. Buscaba una mayor estabilidad económica y mi papá fue el primero que me ayudó a forjar este nuevo camino.

Él representaba a una compañía proveedora de materiales para imprentas grandes y periódicos. Se trataba de una distribuidora de artículos para las artes gráficas, como papeles adhesivos, térmicos, químicos, láminas, tintas, etcétera. (Después de unos años, mi papá pondría su propia distribuidora, además de un tostador de café que se llamaba Siboney). Me presentó a algunos de sus clientes para ver en qué podía colaborar con ellos y, por supuesto, ellos conmigo.

Ciertamente el negocio de mi papá no me era ajeno. Durante mucho tiempo lo ayudé a repartir los productos y a visitar a los clientes. Tenía experiencia en ello, no solo aprendí del mundo de Graciela, también aprendí del mundo de mi papá y era el momento de explotar todo ese conocimiento. Me presentó a uno de sus clientes quien después de una entrevista me contrató como vendedor. Por cada trabajo que le llevara ganaba una comisión y eso se convirtió en una sólida entrada de dinero para mí, aunque en realidad no era tanto; así que me esforcé en buscar más clientes por mi cuenta.

Conseguí a Coca-Cola y le empezamos a hacer material promocional, específicamente el P.O.P. y entonces las comisiones empezaron a ser mucho mejores. Eso me permitía tener independencia y, aunque Carla no me exigía nada y me apoyaba en todo, yo siempre quería lo mejor para ella, por lo que mis esfuerzos por crecer y mejorar eran inagotables.

Todo este proceso de crecimiento y ganas de salir adelante me acercó a Eugenio López. Él fue novio de Denisse cuando estábamos en Fresas con Crema. La acompañaba a los conciertos y programas y nos hicimos muy amigos.

Cuando Carla y yo nos mudamos a un departamento en Polanco, en ese mismo edificio Eugenio también tenía un departamento. Coincidíamos constantemente y nos empezamos a ver seguido. Los tres cenábamos juntos una noche por semana y allí se consolidó aún más la relación de amistad.

Eugenio es una persona muy importante en nuestras vidas, es un gran amigo. Durante una de aquellas cenas le comenté que aunque hacía los trabajos de la imprenta y algunas cosas en televisión, el esfuerzo no era suficiente para salir con los gastos de fin de mes. El negocio de la familia de Eugenio era el de los jugos Jumex, así que le pregunté si creía que habría una oportunidad ahí para explorar. Me ofreció ayuda y la respuesta no tardó en llegar.

Eugenio me concertó una reunión con su papá y conversamos. Ellos necesitaban una gran cantidad de material P.O.P., específicamente las etiquetas de papel que llevaban los jugos, pero, de acuerdo con los estudios de mercado, el precio no podía exceder un monto específico por producto.

Para mí esto representaba un desafío importantísimo porque, debido al volumen de demanda, yo tenía que invertir en maquinaria, equipo y hasta hacer una imprenta propia para ese único cliente, a fin de cubrir los millones de etiquetas de papel para los productos. Era todo un reto adecuarme a las especificaciones económicas, pero decidí asumirlo. Era una excelente oportunidad profesional y trabajé arduamente por ella; muchas horas de no dormir rindieron sus frutos. Me encargué de la producción de etiquetas cumpliendo con el precio, calidad y tiempos de entrega.

Eso nos impulsó a crecer. Carla y yo despegamos en todos los sentidos. Definitivamente Eugenio es mi amigo, pero aún más, es un hermano que siempre me ha apoyado en los momentos más duros de mi vida. Cuando mi papá murió, por supuesto que él estuvo ahí. Y ahora, mientras pasé por la prueba más difícil de mi vida, siempre se mantuvo cerca de Carla, apoyándola y dándole fuerza para seguir adelante. Dios nos pone a las personas indicadas en nuestro camino.

Regresando a aquella época, Carla y yo queríamos hacer crecer nuestra familia, el tiempo pasaba y no teníamos resultados, por lo que nos hicimos los chequeos médicos correspondientes. Los niveles hormonales de Carla eran óptimos y eso solo significaba una cosa: el problema era yo. Mis estudios arrojaron resultados fuera de los valores normales, así que nos encontramos frente a un nuevo reto. Era tanto nuestro amor y nuestras ganas por tener hijos que me fui a Houston para hacerme una operación.

Ni qué decirte lo que sucedió luego. Después de 5 años de casados, Carla quedó embarazada y yo fui inmensamente feliz cuando me dio la noticia. Tener a nuestra bebé fue una gran ilusión que se materializó el 11 de octubre de 1996 y la llamamos Carla Teresa, el pequeño milagro que iluminó por completo nuestras vidas. Ese fue un momento muy especial y, basándonos en la fe que tenemos en Dios, nos comunicamos con nuestro gran amigo el padre Florian Rodero para que la bautizara. Él residía en Italia y lo invitamos a México porque nos daba mucha ilusión que fuese él quien se encargara del bautismo. Estaba muy contento y honrado por la petición. Teníamos todo arreglado, pero una oportunidad única determinó que nuestro destino tomara otra dirección.

Cada año un grupo de niños era seleccionado para ser bautizado por el Papa Juan Pablo Segundo en Roma y se acababa de abrir el proceso de inscripción para ingresar al sorteo. El padre Florian nos llamó para comentarnos esta maravillosa noticia. Nos emocionaba pensar que nuestra pequeña pudiera recibir el sacramento de la mano del mismísimo Papa. Los bebés tenían que haber nacido en octubre para tener 3 meses cumplidos cuando se llevara a cabo la ceremonia el 12 de enero, fecha en que Jesús fue bautizado y que es conocida como la Fiesta del Bautismo del Señor. Carla Teresa cumplía con el requisito, así que nada perdíamos con intentarlo.

Enviamos a Roma toda la documentación solicitada y la inscribimos. Pasados unos días, llegó el resultado del sorteo y nos llevamos una gran sorpresa, Carla Teresa había sido elegida para el evento. No cabíamos de felicidad. Solo 12 niños fueron seleccionados y nuestra bebé era una de ellas.

Llegamos a Roma con una gran ilusión; la misa se realizó dentro de la Capilla Sixtina, quedamos maravillados con la ceremonia. Es indescriptible la sensación que sentimos al ingresar al recinto. Aquella obra maestra de Miguel Ángel, ubicada dentro de los Museos del Vaticano, es capaz de dejar a cualquier persona sin aliento. Sus pinturas recubren la gigantesca bóveda y la pared que cubre el altar, siendo las más conocidas «El Juicio Final» y «La Creación de Adán», entre muchas otras. Además, es la sede oficial del Cónclave, donde se reúnen los cardenales para elegir al nuevo Papa. Definitivamente fue un gran honor estar allí, ser parte por una pequeña fracción de tiempo de la historia que se aloja entre sus muros.

En aquel hermoso lugar, el Papa bautizó a Carla Teresa, también nos dio la comunión a Carla y a mí. El momento no podía ser más perfecto, estuvo cargado de una gran emotividad. Con tanta fe y deseos pedimos a nuestros hijos, y con la misma fe fuimos recompensados. Aún al día de hoy nos consideramos muy afortunados, esta experiencia con el Papa nos marcó muchísimo y es otro recuerdo maravilloso que guardamos como un tesoro.

Como si esa felicidad fuese poco, una nueva noticia hizo que Carla y yo sintiéramos que Dios nos seguía recompensando. Dos años después del nacimiento de Carlita, el 14 de octubre de 1998 llegó Toñito. Nuestro amado hijo era la pieza que completaba a nuestra familia y, por supuesto, también metimos los papeles para el sorteo en Roma (teníamos que intentarlo), pero esta vez no corrimos con la misma suerte y no salió seleccionado. No nos importó, estábamos felices con nuestros hijos, con nuestra parejita de niña y niño; decidimos que ya, ahora sí, estábamos completos.

Vivíamos como cualquier familia, los niños crecían y Carla y yo hacíamos todo lo que podíamos para ser los mejores padres, cuando, de repente, los vientos de cambio volvieron a tocar a nuestra puerta y una nueva oportunidad laboral surgió en un lugar que no imaginamos.

Me llegó una propuesta para filmar una telenovela en Miami. El proyecto tenía una duración aproximada de un año. Estudiamos como familia el panorama, ya que resultaba ser muy atractivo. Carlita tenía 6 años y Toñito 4, así que estaban pequeños y podían adaptarse al cambio. Basándonos principalmente en ellos, Carla y yo decidimos viajar hacia esta nueva aventura que nos retaba y emocionaba a la vez.

La vida en Miami terminó siendo muy positiva, los niños estaban felices en la escuela nueva y la telenovela *Inocente de ti*, una coproducción de Televisa con Fonovideo, funcionó tan bien que el primer año se convirtió en dos y, al finalizar el proyecto, me invitaron a quedarme para iniciar otra novela llamada *Las dos caras de Ana*, protagonizada por Ana Layevska y Rafael Amaya. Luego hice *Bajo las riendas del amor y pasión*. Fueron tantas telenovelas que, para ese entonces, ya llevábamos 7 años en Miami. Nuestras vidas eran muy distintas a cuando llegamos; teníamos una vida en armonía, tranquila y con gran equilibrio; los niños crecían felices y adorábamos este ritmo, por lo que decidimos quedarnos por un tiempo más. Cuando nos dimos cuenta, habían pasado casi 13 años que se fueron como el agua. Mantuvimos nuestra oficina en México y una en Miami, a la par que iniciamos otra empresa de *management* de talentos, por lo que ya no era solo un artista, sino que me convertí en administrador de otros, muchos de ellos compañeros míos, que depositaron su confianza en mí y a quienes les estoy eternamente agradecido. Hoy la empresa se mantiene más viva que nunca, albergando nuevos talentos del mundo artístico.

He sido muy bendecido. Carla y yo llevamos 29 años de casados más los 4 de noviazgo, ya tenemos 33 años juntos. Carla Teresa y Toño son dos seres maravillosos que llenan nuestras vidas. Y hoy más que nunca, estoy convencido de que todos ellos son ángeles que iluminan cada uno de mis días.

PARTE II

ENTRE OSCURIDAD
Y LUZ

CAPÍTULO 3

El virus que nadie vio llegar

Era el 18 de marzo de 2020, el día en el que celebramos el matrimonio civil de Carla Teresa y su novio, Pablo. Fue una ceremonia muy bonita e íntima que se llevó a cabo en la casa. Estábamos solo nosotros, el juez y el resto de la familia vivió la experiencia a través de zoom. Podemos decir que fue una boda virtual, debido a que ya no se podían realizar eventos masivos en ningún lugar por el riesgo que representaba el Covid 19. Los noticieros empezaban a dar información y la gente ya aplicaba las primeras medidas de seguridad. Esto fue durante los primeros días, no había mucha información del virus; ¿quién podría haber imaginado que estábamos frente a las puertas de una pandemia global?

La gran cantidad de turistas caminando por las calles de la ciudad, quizás ajenos a lo que sucedía o tal vez incrédulos ante las primeras noticias, terminó siendo un acelerador de lo que vino después. Los contagios rápidamente pasaron de decenas a miles. El efímero control desapareció por completo y las autoridades de Miami no tuvieron más alternativa que emitir la alarma ante la cantidad de casos que se sumaban todos los días. En todo el mundo los mapas estaban llenos de puntos rojos que mostraban la indetenible propagación del virus.

Entonces vinieron las medidas más duras. No podíamos salir de casa, salvo para suplir necesidades básicas, principalmente alimentación, así que apenas íbamos al supermercado. Literalmente, como muchas otras, terminamos siendo una familia en encierro y, por cosas del destino, nos tocó estar juntos. Resulta que Toño había parado sus estudios en Los Ángeles unos meses antes para hacer un proyecto televisivo aquí en Miami, así que también se encontraba en la casa. Y Pablo, nuestro yerno y nuevo integrante de la familia, venía de España solo por 15 días y al final tuvo que quedarse por la suspensión de vuelos.

Así que Carla, Toño, Carla Teresa, Pablo, Angélica —quien trabaja con nosotros desde hace muchos años y también es parte de nuestra familia— y yo coincidimos aquí en la casa de Miami para enfrentar la pandemia juntos.

Mucha información se transmitía por la televisión, creo que fue una manera de despertar a las personas para que todos asimiláramos que lo que estaba pasando no era un cuento o una historia inventada, propia de las películas apocalípticas. Día a día esta pequeña bola de nieve se iba haciendo más grande y el mundo entero descubría que estábamos viviendo dentro de una pandemia. Los restaurantes, centros comerciales y tiendas empezaron a cerrar. La vida como la conocíamos estaba desapareciendo ante la inminente paralización del planeta.

Las misas del Papa Francisco transmitidas por televisión desde Roma fueron nuestro mayor aliciente. En sus palabras encontramos energía y mucha, pero mucha unión familiar. Sentimos la necesidad de rezar, lo cierto es que la iniciativa vino de mis hijos y eso me dio mucho gusto porque todos coincidimos en la idea. Escogimos un espacio del día para lo que se convirtió en un hábito, yo diría que se convirtió en el momento más maravilloso de todos durante el confinamiento. Cada mañana rezábamos un rosario y veíamos la misa. Pedíamos con fuerza por nosotros, por nuestros familiares, amigos y todas esas personas que desde la distancia necesitaban que alguien pensara en ellos. Rezar fue un respiro, esas gotas de agua tan necesarias en el caluroso desierto, esa energía para recargar nuestra alma, pero, sobre todo, rezar se convirtió en la mejor forma de hablar con

Dios y sentirlo en esos momentos de tanta oscuridad y tristeza mundial. Nunca lo habíamos hecho, cada quién se dedicaba a sus compromisos propios de un día normal y era poco el tiempo en que coincidíamos en la casa; así que, dentro de lo malo de la situación, hallamos un lugar para encontrarnos, redescubrirnos como familia, y lo disfrutamos muchísimo.

También platicábamos, nos contábamos anécdotas y reíamos. Hasta desempolvamos los videos de Carla Teresa y Toño cuando eran chiquitos, los habíamos dejado olvidados en un rincón escondido de la casa. Qué recuerdos aquellos, yo tenía la costumbre de grabar todo como si fuera un turista. Tengo miles de casetes de cuando nacieron, de los actos del colegio, de nuestros primeros viajes, y el verlos nos transportó mágicamente a un extraordinario pasado donde las risas propias de los niños colmaban de alegría el pequeño mundo de Carla y mío.

Como parte de esa rutina empezamos a caminar un poco por las tardes alrededor de la casa. El no tener comercios cercanos nos favoreció porque apenas y nos cruzábamos con personas por la zona. De vez en cuando completábamos el trayecto con una vuelta al mar. Respirar el aire tan puro definitivamente nos cargaba de energía. Cuando nos dimos cuenta, ya llevábamos más de dos meses con esta rutina, era parte de nuestros días. ¿Quién podría imaginar que estos momentos de confort familiar nos estaban preparando para lo que vendría después?

A ninguno de nosotros se nos podría haber pasado por la cabeza siquiera una décima parte de lo que estaríamos por enfrentar, esa gran batalla que la vida me tenía preparada. Una batalla frente a frente con la muerte como la que había vivido mi papá en su natal Cuba. Sin embargo, no tenía idea de la magnitud del reto que enfrentaría, aunque parecía que la vida había querido darme algunas pistas.

A finales del 2019, Carla y yo fuimos a un festival de cine en Punta Cana y durante una de las cenas se presentó José Luis Rodríguez, «El Puma». El *show* fue estupendo, sus canciones nos trasportaron al pasado, a recuerdos de nuestra juventud que nos llenaron de felicidad. Qué voz tan potente y qué energía tan atrayente conservaba en aquel escenario; imposible de creer que estuvo a punto de morir y que había sido sometido a un trasplante de pulmones. Verlo nos emocionó a Carla y a mí, pero ni remotamente podría suponer que yo estaría en una situación parecida a la de él y que tiempo después, sus palabras me darían esperanza y mucha fe ante lo que el destino me había deparado.

Fue largo el tiempo que estuvimos en la casa resguardados, los meses pasaban y llegó el día del padre. Ese 21 de junio lo pasamos todos juntos celebrando; sin embargo, justo ese día empecé a sentir un poco de malestar en el cuerpo, mas no presté mayor atención, solo pensé que no era mi mejor día y ya. A fin de cuentas, todos nos sentíamos decaídos de vez en cuando. Pasé una mala noche y me sentí enfermo del estómago, pero como habíamos comido sushi, se lo atribuí a eso. No le di tanta importancia. Dos días después bajé a desayunar y, al probar bocado, noté que la comida no me olía y mucho menos me sabía a algo.

—Oigan, no le encuentro sabor a la comida, ni me huele a nada. ¿A ustedes les pasa igual?

—Yo sí lo siento —dijo Carla.

—Yo también —completó Pablo.

—Ahora que lo dices, sí, de repente no huelo —dijo Toño.

Nos pareció un poco extraño. Nuevamente lo dejamos pasar como algo circunstancial, pero me quedé con la idea de que los síntomas podrían ser de Covid. Dentro de mí, la inquietud estaba asentada y, como el malestar no disminuía, me comuniqué con Lili Estefan —una gran amiga de la familia— porque quería preguntarle si conocía algún lugar donde estuvieran haciendo las pruebas, ya que teníamos muy poca información sobre el avance del virus, la manera en que afectaba y los centros médicos a los que se debía acudir en caso de sospecha.

Tras hacer las averiguaciones pertinentes me indicó la dirección de un laboratorio que realizaba el análisis y me agendó una cita para ese mismo día y ahí conocí a Armando, el doctor que me estaba esperando para atenderme.

El lugar se encontraba a media hora de mi casa y Carla me acompañó. Me atendieron muy bien y el procedimiento fue bastante rápido: tomaron mis datos, me sacaron sangre y el doctor me comentó que en un par de días me informaría los resultados, pero mi intranquilidad seguía presente perforando mis pensamientos. No podía alejar la sensación de que el virus no se veía en la sangre y entonces, camino a casa, le dije a Carla que fuéramos a visitar a la doctora Sarah, quien fuera la pediatra de mis hijos. Ella nos veía cuando teníamos algún malestar menor. De inmediato le escribimos y con gusto nos atendió, pero esta vez fuimos los cuatro a hacernos la prueba nasal: Carla Teresa, Toño, Carla y yo; y, tal como había ocurrido con el laboratorio, debíamos esperar dos días para el resultado. Ese tiempo se me hizo muy largo, tal vez porque me estaba sintiendo cada vez peor y cada hora la percibía eterna, pero no podíamos hacer nada más que esperar y eso hicimos.

Al cabo de ese tiempo, el laboratorio nos informó que mi prueba había salido negativa, lo cual fue un ligero alivio momentáneo porque poco tiempo después, la pediatra nos llamó y nos dijo que todos habíamos salido positivo. Al escuchar su resultado todo cobró sentido, el temor que había sentido desde hacía unos días se materializó a través de sus palabras; ya no se trataba de una ligera sospecha, ahora tenía completa certeza de que el virus estaba en mi sistema. Ya no me quedó la menor duda. Era algo que me esperaba, pero me preocupé mucho de que estuviesen contagiados Angélica, quien padece de diabetes, y Pablo porque es asmático; sabía que en ambos casos el cuadro podía complicarse. Por fortuna, ellos se encontraban bien y el resto de la familia no presentó mayores síntomas, pero yo fui otra historia.

Le escribí a Lili para comentarle el resultado de los análisis y ella se interesó tanto por los síntomas que estaba presentando como por mi estado de ánimo. Dentro de tanto desconocimiento en aquel momento, era importante tener la mayor cantidad de información posible sobre el Covid y quedamos en que haríamos un enlace al programa de *El Gordo y La Flaca*, transmitido por Univisión en Estados Unidos. Me pareció muy oportuno dar testimonio de lo que padece una persona que vive en carne propia los síntomas y efectos del virus, de esta forma otras personas podrían conocer con mayor profundidad dichos síntomas en caso de presentárseles. Fijamos la fecha y, mientras llegaba, empezamos a ver en la televisión al doctor Juan Rivera, responsable de llevar todas las noticias del Covid en Univisión. Yo no lo conocía en ese momento, pero después fue una pieza importante en mi proceso. Contacté a Alan Tacher, quien lleva el programa *Despierta, América*, para que me facilitara los datos del doctor Juan. Hablé con él y entonces, la nota salió tanto en el programa del doctor Rivera, como en el de Lili y Raúl de Molina. A raíz de estas dos entrevistas me empezaron a contactar para que diera otras y, por supuesto, yo con gusto daba mi testimonio, pero un día, mientras hacia una de esas entrevistas en *El Gordo y La Flaca*, me empecé a sentir terriblemente mal. Sentía que por momentos me recuperaba ligeramente, pero luego caía como en un oscuro hueco cada vez más profundo. Rápidamente comencé a empeorar. Estábamos al aire en plena entrevista cuando Raúl me comentó con preocupación que no me veía nada bien. Efectivamente, no me sentía bien. Ya para ese momento me faltaba el aire, intentaba inhalar, pero no obtenía el oxígeno necesario para respirar. Empecé a sentir mucho miedo, pero jamás pasó por mi cabeza que podría presentar un cuadro grave. Hasta entonces todo el mundo decía que con reposo y cuidado poco a poco el virus desistía, así que yo no pensé que necesitaría algo diferente. La entrevista terminó, pero Raúl insistió en que me checara inmediatamente.

Estaba tan fatigado que me fui a la habitación a descansar. Ya una máquina de oxígeno casera me ayudaba a compensar el aire que me hacía falta; sin embargo, esa tarde, todo se puso peor. Mi temperatura subió descontroladamente, Carla me ponía hielo y compresas, pero nada hacía que bajara la fiebre. Yo tiritaba con escalofríos, aunque estuviera completamente envuelto entre las sábanas. Me era imposible conciliar el sueño y Carla me midió la oxigenación en el dedo con el oxímetro que teníamos en casa. De 97-98, llegó a índices alarmantes de 89. No podía más. Me era imposible respirar. El terror se apoderó de mí y le pedí que me llevara al hospital. En medio de mi desesperación, Carla mantuvo la calma. Ahora sé que estaba tan aterrada como yo, pero su fortaleza era lo único que en ese momento compensaba el aire que me faltaba para sobrevivir.

Le hablamos al doctor Juan y nos dijo que fuéramos al hospital Mount Sinaí. Carla y Toño me llevaron. Con las escasas fuerzas que me quedaban nos dirigimos a urgencias donde ya me estaban esperando, rápidamente me ubicaron en una silla de ruedas y le dije a Toño, iluso:

—No se vayan muy lejos porque tal vez salgo al ratito.

—Claro, papá —me dijo mientras intentaba esbozar una sonrisa forzada—. Aquí te esperamos.

Un enfermero me recogió en la puerta de urgencias.

—En general te ves bien. Yo no creo que tengas mayor problema —y, mirando a Toño, añadió—: él va a estar bien.

Dio vuelta a la silla y me llevó adentro del hospital por aquel pasillo que se me hizo larguísimo, mientras me alejaba de mi familia.

Allí estaba un poco más tranquilo. Calculo que estuve un par de horas en urgencias mientras me hacían diversas pruebas. Ingresé al hospital con un cuadro de neumonía moderada y el primer diagnóstico era que tenía Covid, nada sorprendente para ese momento, pero unas palabras adicionales hicieron que el corazón se me acelerara irrefrenablemente.

—Vamos a esperar a que tengamos una cama en terapia intensiva para poder subirte.

«¿Terapia intensiva? ¿Una cama? ¿De qué está hablando?». Otra vez sentí que el aire me abandonaba y, con palabras entrecortadas, pedí una mayor explicación.

—¿Por qué me van a subir a terapia intensiva? ¿Qué tengo? Esto no suena bien. ¿Están seguros de que tengo que ir allá? ¿Mi familia sabe?

Una tras otra, las preguntas aparecían en mi boca de forma atropellada como una cascada de dudas. Yo esperaba recibir tratamiento e irme a mi casa. Lo cierto es que nada ni nadie me podía haber preparado para lo que venía. El miedo me embargó por completo. Intenté controlarlo, alejarlo de mí, pero me fue imposible. Tantos pensamientos rondaban en mi cabeza y ninguno de ellos era bueno. Me sentía solo. Sabía que al tener Covid, no podría ver a mi familia. El total aislamiento es la primera medida de seguridad que se toma y eso era lo que me esperaba.

Allí, justo en ese instante, camino a terapia intensiva, cerré mis ojos y, luchando contra aquellos feroces pensamientos, me dije: «Dios mío, que sea tu voluntad. Acompáñame».

Ese mismo día me empezaron a hacer múltiples pruebas. Las horas transcurrieron entre exámenes y evaluaciones. Nadie me explicaba nada y yo no podía hacer más que esperar. De repente, un grupo de doctores llegó a mi encuentro junto a un pulmonólogo y un cardiólogo. No recuerdo las otras especialidades, pero fueron un total de cuatro. Uno de ellos tomó la voz de mando y me dijo:

—Estamos revisando tus resultados y las placas señalan daño en los pulmones.

Me enseñaron las placas y continuó:

—El virus es muy agresivo y las zonas blancas son lo que atacó.

Yo no entendía mucho de placas, pero la verdad es que la zona blanca era bastante extensa y aquel daño era el responsable de que no pudiera respirar. Mis pulmones estaban carcomidos, como si aquel virus se los hubiera devorado desde adentro.

Los doctores seguían hablando y yo intentaba escuchar con atención, aunque por momentos mis pensamientos divagaban tratando de alejarse de aquella realidad que para mí era irreal. Tal como si el cielo se oscureciera frente a la densa bruma, mi ser entero se oscureció ante las palabras de los doctores.

Querían intentar rescatar partes de la zona dañada en mis pulmones, pero no podían hacer nada hasta que las pruebas del Covid salieran negativas. Había que esperar. Durante aproximadamente una semana, me mantuvieron con medicamentos y aislado por completo de mi familia, sin ningún tipo de contacto físico. Siempre hablaba con ellos por teléfono o videollamadas. Por supuesto, no era lo mismo que poder tocarlos y sentirlos, pero era al menos una forma de conversar. Pasados unos días y tras ser sometido nuevamente a pruebas de control, mi resultado de Covid, finalmente salió negativo. Ya no tenía el virus en mi cuerpo. Cualquiera estaría feliz al librarse de él y, claro, en mi caso debía ser igual, pero yo me hallaba pendiendo de una cuerda muy delgada; mi lucha seguiría aunque en ese instante, yo no lo sabía.

Mi ánimo y energía habían mejorado, hasta tenía ganas de comer una sopa caliente, así que me la prepararon y Carla me la llevó al hospital; gracias a un amigo que le presentó Raúl de Molina llamado Jimmy, logró entrar dos veces a verme. A mis hijos continué viéndolos por FaceTime, pero verlos a través de la pequeña pantalla de cristal no era suficiente. Se me hacía frío e impersonal. Tenía necesidad de poder verlos en persona y abrazarlos. ¡Cuánta falta me hizo llenarme de su calor!

La sonda en la nariz que me suministraba oxígeno me proporcionaba una falsa seguridad de respirar. Yo seguía pensando que pronto me iría a casa cuando de repente uno de los doctores derrumbó por completo mis esperanzas cuando me dijo:

—El problema es que no te puedes ir. El daño en tus pulmones es muy grande y no lo vas a poder superar. Vamos a empezar el tratamiento para salvar lo más que podamos.

Yo sabía lo de mis pulmones, pero supongo que mi propio mecanismo de protección interna intentaba hacerme creer que me recuperaría sin más. Qué equivocado estaba, y en las siguientes semanas me percataría de lo difícil que sería esta etapa.

De inmediato empezaron a suministrarme un coctel de medicamentos muy fuertes y mi organismo reaccionó desfavorablemente. Mi presión, ritmo cardiaco y estómago sufrieron los efectos. Al querer arreglar mis pulmones se vieron afectadas otras áreas de mi cuerpo y la respuesta de mi sistema fue bastante incómoda. Una lucha se desarrollaba en mi interior. Por un lado, mi organismo intentaba mantener el control, mientras que los medicamentos trataban de hacer su trabajo y, en la búsqueda de equilibrio, yo solo obtenía más desequilibrio.

Ya para ese momento tenía mucho miedo, sentía que venía lo peor. Ante una inminente sensación de muerte, las ideas machacaban mi cerebro cual martillo destrozando mi interior sin clemencia. No sé si uno mismo lo provoca, no sé si es propia sugestión o qué fuerzas actúan para ello, pero es como si «un algo» que no puedo describir me anticipara lo que iba a suceder. De hecho, hasta grabé un mensaje para Toñito y Carlita en caso de que nunca más los volviera a ver. Al hacerlo sentí mucha tristeza, pero esa era mi única forma de despedirme, de decirles lo mucho que los amaba y cuánto lamentaba no poder abrazarlos y besarlos por última vez. Les quería dejar un testimonio de lo que me hubiera gustado decirles si hubiera tenido la oportunidad de salvarme, por así decirlo. El corazón se me pone chiquito con tan solo recordar el vacío que sentía al no tenerlos conmigo, las palabras no alcanzan para explicar esa terrible sensación. Nunca lo mandé, pero, tiempo después, Carla y mi hija encontraron por casualidad ese video que grabé con mi último adiós.

Mis hermanas también acompañaban mis pensamientos, al igual que mi mamá. Todas ellas, junto a sus esposos, se reunían para rezar por mí. La familia se unió a través de las videollamadas con las que se comunicaban conmigo para darme ánimos y decirme que estaba en sus oraciones. Al igual que lo hizo la familia de Carla.

Y qué fuerza la de mi madre. Al principio, mis hermanas pensaron en no contarle la gravedad de mi situación por su propia salud, pero Carla les insistió y cuánta razón tenía. Era peor recibir sorpresivamente la noticia de haberme perdido porque ese dolor habría sido peor. Al final, decidieron contarle y ella con todas sus fuerzas pidió por mí y siempre me acompañó desde el corazón. Me mandaba hermosos mensajitos con dibujitos todos los días, que siempre me sacaban una sonrisa.

Y Carla, mi amada Carla, fue la que se llevó la peor parte. Ella era la única que tenía la información, la única que podía mirar directamente a mis ojos y saber el dolor que estaba sintiendo. Y digo que se llevó la peor parte porque era ella quién les contaba a los demás las noticias. Ella funcionó como un amortiguador, les contaba todo de forma real, pero sin caer en la locura que produce la desesperación de vivir esta situación.

Muchos amigos me contactaron, a algunos de ellos tenía tiempo de no verlos y también recibí cientos de mensajes de muchas otras personas que ni conocía y, al igual que mis hermanas, me escribían mensajes preciosos que aún hoy conservo como un tesoro.

Así pasé los días en aquella cama de hospital. Era como un pez en una pecera de cristal, desde donde podía ver el movimiento de cada cama que entraba y salía todo el tiempo con personas tan enfermas como yo. Por cada uno de ellos le pedía a Dios que los cuidara, que los protegiera. Siempre estuve en comunicación con Él y, a pesar de la situación, sentí que Él también estaba en comunicación conmigo. Te aseguro que no fue una ilusión. No fue producto de mi precario estado, ni de la medicación. ¡No! Él estuvo ahí porque un día estaba tan profundamente inmerso en la oración, conectado con Dios, que cuando dije: «Tú sabes cuál es el camino. Dejo todo en tus manos», percibí de la nada un fuerte olor a rosas. No era un *spray* ni nada por el estilo, eran rosas frescas. El aroma me envolvió y cálidamente sentí su presencia. Era la señal. Su modo de decirme que estaba conmigo y que no me iba a dejar.

Esos días fueron de mucha reflexión. Me transporté a tantos momentos de mi vida y me autoanalicé. Llegaban a mí como fragmentos de una película. Tal vez fue el mecanismo que utilicé para no cruzar los límites de la locura, aún no lo sé, pero esa fue la forma en que reaccioné. A veces intentaba retener esos pensamientos en mi memoria, pero se escabullían y fugazmente se alejaban de mi mente, como el agua escapándose entre mis dedos. De un lado de la balanza puse lo bueno, del otro lado puse lo malo. Intenté desechar lo negativo y quedarme con lo positivo, pero el resultado al final del día no era el óptimo. Qué lucha tan despiadada se producía dentro de mí, parecía ser un electrocardiograma emocional. Llegaba a la cúspide del optimismo y repentinamente caía al abismo del pesimismo.

Por supuesto, yo ansiaba una mejoría, la anhelaba con todas las fuerzas que tenía, pero tenía mucho miedo y tristeza de no poder volver a estar con mi familia. Mi organismo no resistía la medicación, me descompensaba y me inyectaban, era un ciclo de nunca acabar. Vivir cada día era un problema. El aire me faltaba cada vez más y la angustia se apoderaba de mí. Sentía que todo iba para abajo y los doctores fueron muy claros al respecto al enterarme de lo grave de mi situación. Pero, como dicen, la esperanza es lo último que se pierde y yo intentaba mantener mi esperanza, aunque todo fuese contra corriente. El altibajo emocional tomó el control de todo mi ser y luché hasta más no poder, pero mis pulmones no mejoraban. Las noches eran lo peor, el espeluznante silencio helaba mi sangre y sentía que ya no iba a llegar al día siguiente. El mismo miedo no me dejaba dormir. Meditaba, pensaba, hablaba con Dios, pero temblaba de pavor.

Hasta que una noche el verdadero terror, como nunca lo había conocido, se apoderó de mí.

Era de madrugada y sentí cómo la vida me era arrebatada. De repente no pude respirar y con desesperación le pedí ayuda al enfermero. Entré en crisis y todos mis parámetros se alteraron. Mi presión y mi pulso cabalgaban sin freno, al tiempo que los doctores llegaban corriendo a la habitación.

—Toño, el caso es grave. Ya estás al máximo de oxígeno. Tus pulmones están a punto de colapsar. Tenemos que entubarte y necesitamos que autorices a la persona que se hará responsable de ti para que tome las decisiones de aquí en adelante —me dijo el doctor Debeers.

Para mí, esas palabras fueron la antesala de lo fatal, pero no tenía control de nada, estaba en manos de Dios y respondí con apenas algo de voz:

—Mi esposa Carla.

Al cuarto empezaron a llegar más doctores y, como pude, firmé un papel autorizando el proceso de lo que venía. Más que una firma, era un garabato sin forma alguna. Ya no tenía ni fuerzas para escribir bien mi propio nombre. Todo a mi alrededor se empezó a nublar. Vagamente recuerdo los riesgos que me leía un doctor, como si estuviera contándome el menú de la comida, pero yo ya no estaba ahí. Mis pensamientos divagaban muy lejos de aquel frío cuarto del hospital. Pensé en Jesús, en la película *La Pasión*, y todas las cosas fuertes que le pasaron. Y le dije: «Jesús, estoy en tus manos. Lo que sea tu voluntad para mí, será mi voluntad, pero si fuera por mí, yo quisiera ver a mis hijos. Quisiera verlos crecer. Quisiera estar más tiempo con ellos. Quisiera ver a mis nietos. Quisiera buscar a todos los amigos que me han buscado. Quisiera envejecer con Carla». Luego sentí a Juan Pablo Segundo, a San José y a mi papá también. Todos ellos se hacían presentes y sentí que no estaba solo.

Los enfermeros corrían de un lado a otro. Yo no tenía control de nada ni de lo que pasaba a mi alrededor ni de mí mismo. Creo que me estaban sedando, cerré mis ojos mientras el último pensamiento se escapó fugazmente de mi mente: «Señor, dame la mano. Acompáñame. Quiero sentirte en este momento. Te necesito».

Me aferré a mi fe hasta el último instante. Sentí su mano estrecharse con la mía mientras la oscuridad se hacía profunda y me perdía en la infinitud del tiempo.

CAPÍTULO 4

Un profundo sueño

Los doctores hablaban conmigo, pero no recuerdo sus palabras. Todo alrededor era claro, pero al mismo tiempo efímero, era como estar sin estar. Intentaba ver las inmediaciones y solo podía ver... «¡¿Qué es eso?! ¡¿Realmente soy yo?!». Exploré lo poco que veía de mi cuerpo.

Mis pies, «¿esos son mis pies?». Solo veía huesos. No podía comprender nada. Fije la mirada en mis piernas, «no puede ser». Eran como de aluminio, un plateado brillante las cubría o tal vez no las cubría, eran así. ¡No sé! No había forma de entender lo que estaba pasando.

Los doctores me dieron permiso de salir a comer pizza con Carla y mis hijos. Una enfermera nos acompañaba. La pizzería era rara. Parecía más bien un taller mecánico, con herramientas, refacciones y autos. En vez de ser colorida, apuntaba más a un establecimiento de colores grisáceos.

Comimos, reímos y, repentinamente, vi alejarse de mí a los amores de mi vida, mientras una bruma los envolvía y se perdían en aquel tiempo sin tiempo.

—¿A dónde van? Se olvidaron de mí.

«Seguramente con la prisa salieron y no se dieron cuenta de que me quedé aquí». Entonces le dije a la enfermera:

—Por favor, dígale a mi esposa y a mi familia que aquí sigo para que regresen por mí.

—No. Eso no puede pasar —respondió.

—¿Cómo que no puede pasar? No nos vamos a quedar aquí.

—Pues sí nos tenemos que quedar aquí.

—¡No, no! Comuníqueme con mi esposa.

Entonces la llamó y yo le dije a Carla:

—Oye, Carla, salieron tan aprisa de la pizzería que no se dieron cuenta de que me quedé aquí. Regresen por mí.

—No, no podemos.

—¿Cómo que no pueden? Carla, estoy en la pizzería, no me he movido —le respondí bastante alterado—. ¿Cómo que no pueden? ¿Dónde voy a dormir?

—No. Tienes que quedarte ahí. Es parte de tu tratamiento. Ya no podemos regresar.

Entré en conflicto con la enfermera, colmado de impotencia y de una gran desesperación.

—¿Cómo es posible que me hagan esto? —le pregunté sin obtener respuesta.

De repente todo se nublaba y al aclararse me pregunté: «¿Dónde estoy?». Miraba a mi alrededor con total desconcierto. Estaba en una enorme cena de gala, recibiendo un premio. Como destellos frente a mí, pasaban imágenes en donde me veía pasar de un lugar a otro, pero Carla siempre estaba lejos de mí; yo ansiaba tenerla cerca, pero no podía alcanzarla.

Nada de lo que veía y sentía tenía sentido.

Hoy sé que fueron sueños, unos muy extraños, pero los colores, imágenes y emociones eran tan reales, tan nítidos, que tuve la sensación, y aún la tengo, de que en verdad transcurrieron en tiempo real. Tal vez mi subconsciente seguía trabajado, atrapando lo que sucedía en el exterior y reflejándolo en mi interior como escenas de una película que no tenía ninguna lógica. Quién sabe. Hoy sé que todo esto es un campo desconocido para la ciencia del que solo puedo manifestar mi propia experiencia personal.

Lo último que recuerdo es que me dormí y luego desperté. Parecía que había pasado solo un instante. Como te comenté, abrí mis ojos y lo primero que vi fue aquella luz que envolvía a Carla, que me hizo sentir en paz. Era la presencia de Dios, en ese instante estaba tan a gusto, tan arropado que no me quería mover, sentía que no me quería ir, pero algo me impedía quedarme. Él estaba conmigo y yo tenía fuerzas para continuar mi despertar, para surcar el camino. A medida que la luz intensa que cubría a Carla se fue apagando, miré con mayor claridad a mi amor. Su mano apretaba la mía y pude percibir su calor. Miré mis dedos, mis uñas y, para mí, todo estaba normal. La escasa visibilidad que tenía de mí mismo me impedía ver el verdadero estado en el que me encontraba. Sin saberlo, había dormido cuatro meses.

Ese tiempo fue para mí un abrir y cerrar de ojos, tiempo en el que solo soñé, pero en realidad mi vida en pausa había transcurrido de forma muy diferente a la que podía haber imaginado alguna vez. Quién me iba a decir que entré a un hospital una tarde para estar cuatro meses de mi vida en coma.

Me dio tanto gusto volver a ver a Carla. Sus ojos develaban tranquilidad, pero luego me confesó que estaba conteniendo un coctel intenso de sensaciones que recorrían su cuerpo. Guardó todas esas emociones para sí misma porque los doctores le pidieron que actuara de esa forma. Una respuesta diferente probablemente hubiera ocasionado una cascada emocional en mí y hasta el colapso de todo mi sistema.

Fue muy fuerte no saber dónde estaba y no saber por qué estaba ahí, qué había pasado conmigo. Me encontraba muy débil, no me podía mover y mucho menos hablar. Había sido sometido a una traqueotomía y me era imposible emitir cualquier sonido de mi boca. Pero entre pensamientos me dije a mí mismo: «¡Yo... vivo! Aquí estoy, y estoy vivo».

A medida que las ideas se organizaban en mi cabeza y recobraba lentamente la consciencia de mi cuerpo, pude percatarme que continuaba respirando con dificultad. Tenía oxígeno y múltiples conexiones en distintas partes de mi cuerpo. Cables unidos a mis brazos, una bolsa de drenaje unida a mi vesícula. Luego me enteré de que la vesícula estaba llena de piedritas y tuvieron que colocarme ese drenaje para evitar que explotara el órgano y fuese a contaminar todo mi sistema. De suceder, yo habría sufrido una infección incapaz de ser controlada.

Al despertar y darme cuenta poco a poco del escenario a mi alrededor, empecé a entender que esta batalla estaba lejos de terminar, la pregunta era: ¿tenía las fuerzas para seguir? Me sentía tan débil. No podía ni mover los labios. Según cuentan Carla y mis hijos, yo balbuceaba, intentando pronunciar palabras, pero nadie me entendía. Después se percataron de que confundía mis sueños con la realidad.

Ya llevaba aproximadamente un mes despierto y, a medida que iba ganando lucidez, era más consciente de lo que pasaba, y las preguntas no se hicieron esperar.

La comunicación con Carla fue escasa y no me daba mucha información. Le autorizaron estar conmigo solo dos horas cada viernes y, aunque no eran suficientes, las aprovechábamos al máximo. Yo sentía que apenas llegaba cuando ya se tenía que ir, y la frustración me abordaba al no poder tenerla a mi lado por más tiempo. Pero llegó el día en el que le pregunté por los cumpleaños de Carla Teresa y Toño.

Ella bajó la mirada con tristeza. Carla sabía que había llegado el momento de contármelo todo.

Ese instante fue el punto de inflexión. Fue el momento en que la supuesta continuidad que imaginé llevar en mi vida se interrumpió. Enterarme de la cruda realidad me golpeó en todos los sentidos que te puedas imaginar. Cuando me dijo que ya habían festejado los cumpleaños, no comprendí. Mi mente era incapaz de procesar porque yo no recordaba haber estado allí.

Octubre es una fecha simbólica para mí porque es el mes en que nacieron nuestros hijos.

—¿Qué día es hoy? —indagué en aquellas primeras palabras que pude pronunciar.

—Estamos en noviembre —me dijo con la mayor sutileza que pudo. De inmediato, hice cuentas. ¡Imposible! Entré en junio al hospital y ya era noviembre.

—¿Cómo? Carla, ¿cuánto tiempo llevo aquí?

Ya conoces la respuesta a esa pregunta. Dormí durante cuatro meses, pero para mí, solo había pasado un instante. El dolor oprimió mi pecho, pero sentí la fortaleza que Dios me obsequió para afrontar lo que venía.

De ahí en adelante empezaron las preguntas y las respuestas. Desde ese momento pude enterarme de todo lo que había padecido mi familia durante mi largo sueño.

A cuentagotas, según iba indagando, Carla me contó y yo escuché con atención.

* * *

—Toño, cuatro meses atrás los doctores me hablaron para decirme que tus pulmones habían colapsado, que tus parámetros se desestabilizaron. No lograban ajustar tu ritmo cardíaco ni tu presión. No creían que sobrevivirías esa noche y tenían que entubarte. Me dijeron que de allí en adelante yo iba a tomar todas las decisiones porque tú me autorizaste.

Esa noticia fue muy fuerte. En el primer instante no supe cómo reaccionar, literalmente me congelé mientras escuchaba al otro lado del teléfono esa voz que me actualizaba sobre tu estado. Todos sabemos que el intubar a una persona es el preámbulo de muchas complicaciones y no muchas personas salen de eso.

El dolor oprimió mi pecho, sentí que no coordinaba, era incapaz de razonar, de encontrar sentido a aquellas palabras que me derrumbaron por completo; pero cuanto más oscuro es el camino, más luz hay al final. Toñito y Carla Teresa fueron esa luz. Ellos me dijeron: «Confía en Dios y no perdamos la esperanza». Nos tomamos de las manos, rezamos, pedimos con todas las fuerzas que teníamos y dejamos todo en manos de Dios.

Nos fuimos al hospital y entre todos los momentos difíciles, para mí este fue el más fuerte. Toñito, Carla y Pablo se quedaron en el coche mientras yo subía hasta tu habitación. El trayecto se me hizo eterno, mi corazón latía con tanta fuerza que lo sentía salir de mi pecho, me sentía sofocada y el calor me envolvía a medida que mis pasos me llevaban como autómata a tu encuentro.

Entré, estabas intubado y lo que vi le pedí a Dios que no se quedara en mi cabeza. Estabas dormido, totalmente ausente del mundo en ese frío cuarto. Te conectaron a una máquina que llaman ECMO, un equipo de ventilación que respiraba por ti. No pude ni mirarte bien. Tantos cables, tubos de drenaje y bolsas de fluido me restaban visibilidad, pero sabía que estabas allí. Y aunque te encontrabas amarrado para impedir que movieras los brazos o te arrancaras los tubos conectados, pude alcanzar tu mano. Estaba tan fría y dije: Dios, por favor, ilumíname. Dame fuerzas y ayúdanos. No te lo lleves. Déjalo un rato más con nosotros». Las palabras me dieron fuerza. Sentí que Dios estaba contigo, respiré profundo y me alejé de ti. Hablé con los doctores, me pusieron al tanto de la situación y me fui.

Cuando bajé al coche, fue muy duro ver a todos con cara de felicidad preguntando:

—¿Cómo está? ¿Cómo lo viste?

—Está muy bien. Lo vi bien. Está dormido, conectado a varias máquinas. —No podía decirles cómo te vi. Sentí necesario darles un poquito de tranquilidad. Guardé mis emociones para mí misma y confié en que ibas a estar bien. Realmente confié en Dios y no dejé de pedir ni un solo instante.

De allí en adelante, como familia vivimos un calvario emocional, lleno de altibajos. Los doctores me decían que todo iba bien y repentinamente me decían que estabas muy mal. Intentaba mantenerme en pie, pero no fue sencillo. Toño me decía:

—Mamá, acuérdate que Dios está con mi papá. Ya la decisión no es mía, ni tuya, es de Dios.

Una vez le comenté a Manuel Capetillo lo que sentía.

—Esta situación nos está acabando.

—Carla, tienes que dejarlo en manos de Dios. Deja a Toño en manos de Dios y, si es su voluntad, lo va a solucionar.

—Es que lo hago. Todas las noches lo dejo en manos de Dios —le refuté estando segura de mi respuesta.

—No. Todas las noches le pides a Dios que se mejore. Déjalo en sus manos. Dile que se haga su voluntad y acéptalo.

Reflexioné sobre el verdadero significado de sus palabras y le contesté o más bien me contesté a mí misma:

—Hoy lo hago.

Esa noche llegué a la casa y pensé que estaba lista, pero no podía. ¿Lo iba a poder dejar verdaderamente en sus manos? Por un instante dudé del significado de esas palabras, pero me recobré. Está bien, a partir de ahorita. ¡Pues ya! Mañana voy a saber cuál fue SU decisión. Y lo hice, de verdad lo hice.

—Estamos de acuerdo y lo dejo en tus manos. Lo que sea Tu decisión, la acepto. De verdad la acepto —le dije llorando.

De ese pensamiento me sujetaba. Fueron muchas altas y bajas que solo pudimos soportar gracias a nuestra fe y esperanza.

* * *

Escucharla me puso en contexto de lo que había pasado conmigo, de lo que habían vivido ellos. Empecé a entender lo que representaron esos cuatro meses en sus vidas.

Ella me comentó que en tres ocasiones la llamaron para decirle que yo no pasaba de la noche, y todo lo que no debía haber ocurrido, pasó. Aquella lista de riesgos que me dijeron los doctores justo antes de inducirme el coma, todos y cada uno de ellos los padecí. Infecciones y hemorragias se sumaban a mi cuadro de salud, ya bastante delicado y todo era cada vez peor.

Una de esas veces, aproximadamente a las ocho de la noche, le dijeron que el equipo médico de gastroenterología iba en camino porque yo tenía una gran hemorragia gastrointestinal de origen desconocido que ameritaba una operación para ser localizada, pero Carla sabía que yo no iba a resistir una cirugía. Como yo no tenía las fuerzas para soportarla, la probabilidad de sobrevivir era cero por ciento. No había otra opción más que esperar a que superara el estado crítico o que muriera de un paro cardiaco. Así de cruda fue la situación.

Que terrible incertidumbre vivió mi familia, esperando frente al teléfono para saber qué había sido de mí. Fueron muchas las noches de vigilia, pero mi hijo Toño recuerda esa como la peor de todas, ya que el panorama era totalmente desalentador. Rezaron y rezaron la Novena de la Misericordia, una oración muy bonita que los reconfortó en los momentos de mayor dificultad; los acompañó en esas horas tan espantosas, dejando todo en manos de Dios y, tal como dijo Carla Teresa, fue una tormenta y cruz que cargaron con amor, anhelando con todo el corazón que la próxima llamada trajera buenas noticias y así fue. Yo pienso que los rezos, misas, lecturas y cadenas de oración de todos fueron escuchados. Fueron tantas las personas, familiares y amigos que pidieron por mí, para que pudiera regresar, para que tuviera la fuerza de seguir luchando esa batalla.

En la mañana, pasadas las cinco, el doctor Rivera le habló a Carla para decirle que no podían explicar lo que había sucedido. Milagrosamente la hemorragia cesó ante los medicamentos y mis signos vitales se estabilizaron. Luego descubrieron que la hemorragia provenía de una arteria que se reventó y habían logrado embolizarla.

Escuchar buenas y malas noticias fue un golpe muy duro para todos, especialmente para Carla. Constantemente vivía al filo de un precipicio emocional luchando con la realidad de lo que pasaba.

Imagínate las fuerzas que debía tener para recibir las noticias y transmitirlas a mis hijos, mis hermanas y mi mamá. Fue increíble la manera en que asimiló toda la situación. En ningún momento se descontroló o desesperó, o más bien, eso les hacía creer a todos, porque en el fondo ella era un tsunami de emociones. Todo fue sucediendo por el camino que Dios nos fue poniendo y Carla asumió con valor el papel que le tocó vivir.

Durante ese episodio particular, ella esperó a que los doctores le confirmaran que yo lo había superado, antes de contarles a mis hermanas y a mi mamá. Fue una gran decisión no sumarle más dolor a la situación sin saber cuál sería el desencadenante final.

La noticia causó mucha alegría, pero era un altibajo emocional. A veces las emociones positivas parecían ser un espejismo y definitivamente en esta ocasión también lo fue.

Al cabo de unos días, los doctores ya empezaban a considerar despertarme, pero una gran infección en la sangre les hizo replantearse el panorama futuro. Su diagnóstico indicaba que no había solución alguna para esta nueva afección. Toda mi sangre se contaminó y la única manera de revertir la situación era sacarla completamente de mi cuerpo y sustituirla por una nueva. Ya te imaginarás lo que significaba este nuevo procedimiento y lo sufrí dos veces. Después, mis pulmones se llenaron de líquido y tuvieron que drenarlos con un proceso bien delicado que podría haber afectado otros órganos.

En fin, era una constante lucha a muerte. Iba todo muy bien y luego todo muy mal. Siempre pasaba algo y eso fue una montaña rusa emocional para mi familia, llena de miedo y de no saber qué iba a pasar en las próximas horas, por lo que, en los rezos, las misas y las lecturas del evangelio encontraron el cobijo necesario para continuar. Luego, Carla Teresa me comentó que se aferraron al pasaje de la Biblia en el que «Pedro estaba caminado en el agua y en el momento de la duda, se hundió». No podían dudar porque se hundirían y esa fue su tabla de salvación. Entonces, juntos, como familia, se apoyaron. Cuando uno de ellos tenía miedo o la inseguridad llegaba, Toño les decía: «No dudes, recemos siempre unidos, porque esta esperanza nos da la fuerza para levantarnos». No querían ni comer y allí Pablo jugó un papel fundamental porque siempre llegaba con algo de comer para que tuvieran energía y ánimos. Aunque no podíamos estar juntos, siempre seguí muy presente en cada uno de sus pensamientos y corazones, deseando que el tan ansiado milagro llegara.

Tantas situaciones críticas, una tras otra, extendieron sustancialmente el tiempo del coma y la preocupación de los médicos de que el pasar tanto tiempo dormido tuviera secuelas graves en mí. Los estudios médicos revelaron que el mayor tiempo que una persona había estado conectada a un ECMO eran dos meses, yo llevaba casi cuatro. Entre más tiempo estás con ese aparato, mayor es el riesgo de sufrir pérdida en la memoria o lesiones en algunas zonas del cerebro. Yo casi había doblado ese tiempo promedio y no le daban muchas esperanzas a Carla sobre lo que pasaría conmigo al despertar, si es que despertaba. Los doctores no sabían cómo iba a regresar.

Sin saber qué iba a pasar o cuál sería el estado de mis funciones motoras, los doctores determinaron que había llegado el momento de despertarme y así lo hicieron.

Pero contrario a todo pronóstico, sucedió lo inexplicable: desperté sin sufrir daños significativos. Ninguno de ellos pudo explicarlo porque la medicina llegó hasta donde podía hacerlo y de allí en adelante nada dependía de ellos. De hecho, me empezaron a llamar «Supermán» a modo de apodo.

Médicamente no se puede explicar lo que pasó, pero desde mi corazón yo sé que Dios intervino y su mano siempre me sostuvo en todo el camino. Además, los doctores hicieron un gran trabajo controlando mi oxigenación y manteniendo la estabilidad de mis signos vitales pese a la precariedad de mi salud. Fue un trabajo admirable, de tiempo completo que agradezco desde el corazón porque, gracias a ello, estoy aquí contándote mi historia.

Todo esto que me relató Carla definitivamente fue muy difícil de asimilar, pero poco a poco fui despertando a esta nueva realidad, donde ciertamente sufrí algunas pérdidas de memoria. Le hacía comentarios a Carla que luego no recordaba. Perdí espacios de tiempo que aun hoy no acabo de recobrar o de entender.

Los siguientes días en el hospital transcurrieron sin mayores pormenores; me sentía bien, no tenía miedo, aunque seguía incómodo porque no podía respirar y los tubos entorpecían mi movilidad. La traqueotomía que por un lado me daba vida, porque era mi único mecanismo para respirar, por el otro me impedía comer o tomar líquidos.

En esa fase Carla les preguntó a los médicos qué seguía porque no veía avances ni mejoras en mí. Me encontraba como en una fase de mantenimiento y no me comentaban nada adicional, pero otra vez mis esperanzas cayeron en picada cuando los doctores me dieron la noticia. Estábamos a punto de ser puestos a prueba nuevamente.

Carla solicitó una junta médica y los doctores se reunieron para contarnos que mis pulmones no se habían recuperado durante el coma ni siquiera seguían igual, estaban peor. El deterioro avanzaría día a día hasta que dejaran de trabajar. Médicamente agotaron todas las posibilidades y ya no había solución más que optar por la última esperanza que me quedaba: un doble trasplante de pulmón.

Al escuchar esta palabra: «trasplante», una ráfaga de emociones invadió a Carla, se sentía muy bien, pero al mismo tiempo se sentía muy mal. Con toda la racionalidad que pudo mantener en ese momento, dijo: «Si es la única solución, hagamos el trasplante». En esos momentos yo no tenía consciencia de lo que estaba pasando. No recuerdo nada.

Desconocíamos todo lo que significaba un trasplante, mi conocimiento del tema era muy vago, para mí era sacar un órgano del cuerpo de una persona, colocarlo en el cuerpo de otra y, si todo salía bien, vivir una vida normal. Curiosamente, en mi carrera me tocó hacer una telenovela sobre el tema del trasplante pero, por supuesto, no se acercaba ni mínimamente a lo que estaba por experimentar. Jamás en la vida me hubiese imaginado que, años más tarde, tendría que ser sometido a un trasplante real, mejor dicho, a un doble trasplante.

En el hospital Mount Sinaí no realizaban ese tipo de operaciones, así que Carla contactó a un grupo de asesores que le ayudaron a encontrar la mejor opción, dada mi condición. Ellos se encargaron de las investigaciones y los trámites para poder trasladarme al lugar indicado, el hospital Shands en Gainesville, Florida.

El traslado requería de mi consentimiento por escrito y Carla llevó a un notario para que pudiera firmar la autorización, aunque yo no tengo noción de eso. Yo estaba despierto, pero no totalmente consciente de la situación.

Entonces, no había más que decir. Se trataba de una carrera contra mi propio tiempo, contra mi propia existencia. El pronóstico no me favorecía, pero Carla volvería a convertirse en las alas que necesitaba para volar.

—Si el trasplante es la solución, pues vamos por todo —me dijo.

Imposible flaquear ante el fuego de sus palabras, la esperanza en su mirada y el deseo de que estuviéramos juntos mucho más tiempo.

—Carla, hasta el último momento, hasta que ya no despierte más —le respondí.

Estábamos por iniciar una nueva batalla y lucharíamos hasta el final, hasta mi último aliento.

CAPÍTULO 5

Dos pulmones para salvar una vida

Salir del coma solo significaba despertar, pero ahora, la verdadera batalla estaba a punto de comenzar. Caminaba entre luces y sombras en busca de dos pulmones para salvar mi vida.

La decisión estaba tomada, pero eso no era suficiente para obtener los tan añorados órganos; por delante venían una serie de pruebas para saber si aplicaba como receptor o no, y eso no era todo, ocurrieron situaciones en este camino que me hicieron desfallecer muchas veces hasta llegar a darme por vencido por un momento, aunque yo tenía claro que esta era mi última oportunidad y una prueba más que debía de enfrentar.

Estaba limitado en todo sentido. No podía moverme, la traqueotomía me impedía alimentarme correctamente, así que todos los nutrientes entraban a mi organismo a través de una sonda que entraba por mi nariz y llegaba hasta mi estómago. Los fuertes medicamentos seguían ocasionando estragos y mi estómago fue inclemente con ello, siempre estaba suelto, verdaderamente fue muy molesto. Dependía de otras personas para cualquier mínima acción. Qué terrible es estar lúcido, consciente mentalmente y que el cuerpo no pueda responder a la más mínima instrucción. Es como estar atrapado en una cárcel corporal, incapaz de responder a lo que yo mismo le pedía hacer a mis manos, a mis piernas o a cualquier otra parte de mi cuerpo.

Poco a poco fui recuperando fuerzas, pero no las suficientes para cumplir con los protocolos establecidos para poder pensar en el trasplante como una opción viable y era realmente importante para que pudiera aguantar un proceso tan fuerte como ese. Me preocupé mucho por ello y tenía una lucha conmigo mismo. Me repetía constantemente: «Lo tengo que lograr, lo tengo que lograr, es mi última oportunidad». Trabajé duro, contra todo pronóstico, en contra de mi propio cuerpo y, a veces, de mis propios demonios internos que se colaban en mis pensamientos cada vez que podían; eran imágenes oscuras de un futuro incierto, pero cuando llegaban a oscurecer mi mundo, rezaba con todas mis fuerzas y la luz volvía otra vez. La semillita de esperanza me impulsaba y me daba fuerza para continuar. Los altibajos emocionales estaban cada vez más presentes, pero luché, luché contra mi propia debilidad física y mental. Fue difícil, realmente lo fue, y Carla siempre representó esa lucecita al final del largo camino por la oscuridad. La estrella que siempre me guió en el cielo más oscuro. Su apoyo me impulsaba a luchar. Subía mi autoestima cada vez que me veía dudar y jamás olvidaré sus palabras cargadas de ilusión:

—Toño, tú puedes. Ya pasó lo más duro. Vamos por todo.

—Cómo la adoro. Carla es y seguirá siendo mi motor, mi compañera, mi vida entera.

Continué en terapia intensiva y, desafortunadamente, ella no podía quedarse conmigo, así que estábamos limitados a vernos tan solo unas pocas horas a la semana.

Tras analizar mi estabilidad y avance, los doctores concluyeron que ya podía ser trasladado al Centro de Trasplante del UF Health Shands, un hospital de la Universidad de Florida en Gainesville. Allí continuaría mi recuperación. Yo aún no cumplía con todo el protocolo para poder optar por el trasplante, pero la cercanía entre los hospitales dentro del mismo estado fue un determinante para el traslado y la noticia la recibimos con mucha alegría.

El momento del adiós al hospital de Miami llegó. Ese lugar que fue mi hogar durante tantos meses me dejaba partir lleno de optimismo y ánimo en busca de esperanza para recuperar mi vida. Tras despedirme del equipo médico, el 25 de noviembre del 2020, me trasladaron al Centro de Trasplantes en helicóptero con un diagnóstico de enfermedad pulmonar crónica.

A partir de ese viaje, se comenzaría a escribir una nueva página de mi vida.

Al principio, pensé que el cambio sería difícil porque se trataba de ver nuevos doctores, enfermeros, y ya estaba tan acostumbrado al ritmo, a los movimientos del hospital de Miami, que comenzar de nuevo no se me hacía nada cómodo; pero la verdad es que en aquel lugar me encontré con un grupo maravilloso de especialistas e inmediatamente hice conexión con ellos, sobre todo con los doctores Tiago Machuca y Andrés Peláez, mis cirujanos.

En Gainesville continué dependiendo del respirador. A pesar de mi delicado diagnóstico, pude ganar fortaleza gracias al equipo multidisciplinario que me atendió. Lo único que yo quería era despertar cada día y poder ver a mi familia, pero conforme pasaba el tiempo, era más consciente de los pasos y la complejidad que existe tras un trasplante como el que yo necesitaba.

Días después de haber llegado a mi nuevo hogar, me puse en contacto con José Luis Rodríguez, «El Puma». Sus palabras me dieron confianza y mucha paz.

—Toño, no te voy a mentir, es algo difícil, pero es la única oportunidad de seguir viviendo. Mantén tu fe en Dios porque, al final del día, Él es quien decide. Haz caso a tus doctores. Cumple todo al pie de la letra. Yo voy a pedir por ti.

Ambos coincidimos en que Dios es el único que decide sobre nosotros.

Continuamos en comunicación y siempre me dio esperanza a través de mensajes muy bonitos sobre los milagros y el poder de la fe, la cual sería puesta a prueba muchas veces en los días por venir.

Quiero aquí detallar, desde mi limitado conocimiento, las etapas que transita (o debería transitar) un órgano antes de llegar a un huésped receptor. Cuando sacamos la licencia de manejar, nos preguntan si queremos ser o no donantes de órganos, y es entonces cuando inicia el procedimiento de registro y control. El donante es ubicado en un listado al que tienen acceso los hospitales y, si una persona fallece, el hospital será comunicado de cuál fue su voluntad, independientemente de la opinión de los familiares. Ese es el primer paso.

Luego, el receptor pasa a formar parte de la ecuación. En Estados Unidos las áreas de donación y recepción están delimitadas, es decir, los órganos de un área solo se pueden donar dentro de los límites establecidos. Imagina cuánto tardaría en llegar a Los Ángeles un órgano que se encuentra en Nueva York. El tiempo es crucial en un procedimiento de trasplante, pues durante prolongados periodos de tiempo fuera de un cuerpo, las células comienzan a morirse y el órgano pierde funcionalidad hasta el punto de poder ser rechazado por el cuerpo del paciente receptor. Podríamos decir que sufre un proceso degenerativo y, por supuesto, cualquier esfuerzo en salvar una vida podría ser en vano. De allí que los hospitales se encuentren sectorizados.

Como parte de estos protocolos, yo tenía que ser sometido a diversos estudios a fin de estimar mi viabilidad o no para convertirme en receptor. Por tanto, me hicieron diversos análisis. Al tercer día, mi cirujano, el doctor Machuca, me dijo que ya estaba en la lista de espera para el trasplante. La urgencia de mi caso implicó un posicionamiento en los primeros lugares de la lista de espera porque yo estaba contrarreloj. Mis pulmones llevaban más de cuatro meses sin funcionar. Los criterios de ubicación se basan en la gravedad del paciente, mas no en el tiempo de espera, es decir, había personas que ya llevaban más tiempo en espera, pero que tenían una mejor condición de salud, lo cual implicaba una posición más baja en la lista. En mi caso, el alto nivel de soporte mecánico para poder respirar fue la razón principal. Quién diría que mi calvario al mismo tiempo sería una bendición, ese determinante para ubicarme al inicio de la lista de espera.

Recuerdo que el día en que me aceptaron como receptor, varios doctores acompañaron al cirujano y aplaudieron luego de que él dio la noticia. Ese fue el primer paso, y tanta carga de energía positiva subió mi autoestima. Ahora, tocaba esperar.

El proceso de rehabilitación y preparación duró más de diez días, durante los cuales seguí detallados métodos y rutinas. Algo tan básico como levantarme y caminar, para mí significaba un enorme suplicio, pero lo tenía que hacer todas las mañanas. Dar un pequeño paso era lo más difícil, físicamente hablando, y mentalmente yo vivía en constante conflicto porque el simple hecho de moverme alteraba mi presión, me hacía sufrir de terribles mareos, era incapaz de sostenerme por mí mismo y siempre dependía de otras personas. Estaba consciente de que el único mecanismo para tomar fuerzas era este, pero fue un proceso sin duda muy doloroso.

Mientras tanto, cada día que pasaba era un día más de riesgo, sin embargo, los órganos no llegaban. Yo intentaba aferrarme a la idea de que los pulmones no tardarían en aparecer. Pensar de esta forma me daba fuerzas para seguir adelante y, como siempre, Carla me ayudó en ello. Desde que me trasladaron a Gainesville, pudo estar conmigo todo el tiempo, lo cual fue maravilloso y decisivo en muchas ocasiones. Ella nunca bajó la guardia, siempre se mantuvo arriba, dándome fuerzas al igual que mis hijos. Cuando hablábamos por videollamadas siempre estaban tan ilusionados y contentos que me transmitían buena vibra y me llenaban de energía. Me veían caminar y en cada paso que daba se reflejaba la emoción en sus caras, y eso me ayudó mucho a continuar este camino lleno de interminables subidas y bajadas, como la que pasé aquella mañana tras pasar una noche fatal, trece días después de haber llegado a Gainesville.

Esa mañana en particular las fuerzas me abandonaron por completo, me dejé llevar como una hoja en el agua impulsada por el viento y le dije a Carla:

—Flaca, te quiero pedir perdón, pero ya no puedo más. Algo dentro de mí me dice que hasta aquí llegué. Perdóname por tanto esfuerzo que hiciste, pero ya no puedo más.

Sé que aquellas palabras pueden sonar derrotistas, pero en ese estado emocional, donde a cada segundo mi respiración me abandonaba, sentí que ya no podía ni inspirar pequeñas partículas de aquel preciado aire que nos mantiene a todos los seres vivos con vida, pero, como siempre, ella fue mi luz.

—¡No, Toño! No puedes rendirte. Mira dónde estamos. Falta poco. Recuerda, vamos por todo.

Ella sabía que yo no podía más, pero se aferró a su fe, a la esperanza. Cuando me encontraba totalmente perdido en mí mismo, tomaba mi mano y me impulsaba a continuar. No dejó, o más bien, no me permitió caer en un punto del que no pudiera retornar más.

Justo esa mañana, después de mi declaración de renuncia a la vida, los doctores entraron y dijeron:

—Toño, venimos a darte la noticia. Tus pulmones están por llegar.

Un instante me cambió todo. La penumbra se disipó por completo y, como si mi voz interior me hablara, con total claridad escuché: «No te puedes quedar aquí, no puedes estancarte. Todo lo que ha pasado, ya pasó».

Un estremecimiento recorrió mi cuerpo y la fuerza volvió a mí. Carla se emocionó. Me abrazó y me perdí por completo en su felicidad, que también era la mía.

Toda la mañana me preparé psicológicamente; mil cosas, todas positivas, pasaron por mi cabeza, aunque algo me molestaba. Sentía que algo no estaba bien, pero no sabría describirlo con palabras. Traté de echar a un lado esa sensación de incomodidad y me concentré en pensar que Dios me estaba dando la oportunidad y recordaba las palabras de Carla Teresa: «Pa, si Dios ya te sacó de todo, no te va a dejar caer ahorita». Y me aferré. Como a una tabla de salvación en medio de un océano, me aferré a ese pensamiento.

El día siguió. Las horas pasaban, pero no había una nueva noticia y ya por la tarde, entre las cuatro y cinco, llegó el doctor Peláez a la habitación y con voz que no denotaba nada bueno, dijo:

—Toño, no vamos a poder ponerte esos pulmones.

Seguro pensarás que nuevamente me derrumbé y caí en el abismo de la desesperación, pero te sorprenderás porque no fue así. Sentí alegría. Puede parecer contradictorio, pero algo no estaba bien. Esos no eran mis pulmones, algo en mi interior me lo decía y el doctor continuó explicando:

—Revisamos los pulmones y no están en condiciones para ti, Toño. Hay que esperar. Queremos que sepas que los próximos órganos que serán para ti los podríamos tener quizá en uno o dos días más.

La noticia para mí fue excelente. Tenía tanto ánimo que la recibí con agrado y dije:

—Si hay que esperar uno o dos días, pues esperamos.

Claro, yo sabía que no aguantaría una semana más, pero me agarré con fuerza al pensamiento de que en dos días llegarían los pulmones y así fue. Al cabo de ese tiempo, los doctores entraron una mañana, nuevamente muy contentos, y me dijeron:

—Ya llegaron tus pulmones.

El doctor Machuca nos explicó que ya los había revisado y en toda su carrera nunca había visto unos pulmones tan perfectos.

Me alegró mucho escucharlo y sabía que ahora sí, una nueva etapa de mi lucha se avecinaba, aunque desconocía su magnitud. Por más que trataba de imaginarla, ningún pensamiento me pudo acercar siquiera a lo que vendría después, pero en ese momento intenté no agobiarme con ello ni llenar mi cabeza de tantos pensamientos que me alejaran del estado de éxtasis donde me hallaba. No me detuve a pensar en que me iban a abrir, quitar mis pulmones y ponerme otros. Lo importante era que habían llegado y yo los sentí como míos. Esos eran mis pulmones.

Hablé con mis hijos, y Toño, al conocer la hora de la operación, dijo:

—Pa, acuérdate de que a las tres de la tarde crucificaron a Cristo. Esa coincidencia, que sé que no es tal cosa, me hizo sentir que todo iba a funcionar. No era casualidad. Todo tiene un orden, un sentido, una lógica y la mía era que ahora todo saldría bien.

Un 15 de diciembre a las tres de la tarde, mi destino cambió. Carla me acompañó hasta donde se le permitió y, agarrando fuertemente mi mano, me repitió:

—Dios está contigo, no solamente dándote la oportunidad, sino poniendo en tu camino las cosas para que todo funcione. Vas a estar bien y yo aquí te espero. Siempre te espero. —Lentamente su mano se soltó de la mía. Nos alejamos en cuerpo, pero no en espíritu.

Entré a quirófano y alcancé a ver el cuarto con atención. Era totalmente blanco y parecía una nave espacial. Era espectacular. Unas máquinas con largos brazos me parecían personas mecánicas, esperando ansiosos al paciente que iban a salvar. Muchas pantallas en torno a estas grandes estructuras robóticas completaban la fría atmosfera del lugar. Mientras intentaba retener en mi memoria cada fragmento, entre el cúmulo de especialistas y enfermeras que se movían al compás de un ordenado caos, la voz del doctor Machuca salió a relucir cariñosamente:

—Toño, ya llegaste hasta aquí. Dalo por hecho. Quédate tranquilo porque la mano que te opera, o sea mi mano, la dirige Dios.

Sus palabras golpearon sin freno mi corazón. Me sentí más vivo que nunca ante esa última frase que derrumbó cualquier atisbo de miedo. A diferencia de los meses anteriores, el temor estaba totalmente ausente en mí. Estaba seguro de que iba a despertar y Dios me lo hizo saber a través de las palabras del doctor. Era maravilloso que me dijera eso y mientras me dejaba llevar por ese pensamiento, mirando las luces quirúrgicas, me pusieron la mascarilla y, nuevamente, me perdí en el tiempo sin tiempo.

Mientras dormía, otra vez los sueños me abordaron y me transportaron a una realidad solo existente en mi mente. Estaba como en una especie de hotel; yo iba caminando y de repente me subían a un helicóptero, pero a Carla no la dejaban subir. Era un viaje destinado para una sola persona, era un viaje solo para mí. Entre sueños tribulé mientras los doctores eran artífices del milagro que me permitiría estar con mi familia de nuevo y, sobre todo, estar vivo.

Luego de ocho horas y media de operación, desperté, aletargado por el efecto de la anestesia. Abrí mis ojos y algo muy fuerte sucedió. Por primera vez después de tanto tiempo respiré. ¡Respiré! Jalé aire y fue maravilloso. Hoy lo pienso y me emociona solo recordar ese instante tan perpetuo en mi mente. Mi cuerpo era tan pequeño ante la inmensidad de lo que estaba sintiendo, y un único pensamiento apareció en mi mente: «Estoy vivo. No sé cómo estoy, pero estoy vivo. Yo... ¡Vivo!», me repetí al tiempo que las lágrimas se dejaron asomar por mis ojos.

Dios me había regalado una nueva oportunidad. Yo... ¡Vivo!

CAPÍTULO 6

Tras lo peor, aún no llega lo mejor

Poco a poco mis sentidos regresaban por completo a mí y pude percatarme de que ya no estaba en el quirófano, me habían trasladado a la sala de recuperación. No podía verme porque estaba tapado de los ojos, pero fui descubriendo que tenía tubos de drenajes por todos lados y aunque la movilidad era escasa, ya no importaba. Estaba inmensamente feliz. Le di gracias a Dios, fue un momento muy especial con Él, conmigo. Después pensé en mi familia y en la alegría que les iba a dar. «Ojala esto compense todo lo que pasaron».

Me sentí renacido. No existen palabras que puedan expresar la gigantesca emoción que sentí, era como una energía manifestada en rayos de luz que recorrían cada centímetro de mi cuerpo. En ese momento supe lo que significa darle un valor real a la vida. Saber que pude abrir mis ojos, ver que estaba allí, presente, solo se puede resumir en estar verdaderamente ¡VIVO!

Absorto estaba en aquel estado de paz cuando un enfermero se acercó y me dijo que en pocos minutos me subirían a mi cuarto. Mientras asentía con la cabeza, le pregunté:

—¿Sabes si salió todo bien?

—Salió todo muy bien.

Con esa respuesta me quedé tranquilo y solo quería ver a Carla. Necesitaba compartirle tanta felicidad.

Minutos después me llevaron al cuarto y ella estaba allí, esperándome. Jamás olvidaré su expresión, solo con aquella mirada comprendí que todo, absolutamente todo había valido la pena. Su alegría era tal que respiré profundamente, agarré su mano, me apretó y dijo:

—Toño, ya pasó.

Fue una carga emocional maravillosa, diría que hasta embriagante.

Cómo agradezco a Dios haberla puesto en mi camino. Ella es mi columna, mi soporte, quien me impulsa a ser cada día mejor; ella es mi amor, ahora y eternamente.

Verla sonreír mientras me comentaba los pormenores llenaba por completo el espacio de aquella habitación. Fue una gran operación y los doctores estaban felices por el resultado. Tenía el ánimo al máximo de la capacidad que un cuerpo humano puede soportar y agradecí, nuevamente con el corazón entregado por completo, a Dios (todos los días lo hago) por cada instante que me permitió y sigue permitiendo estar en este plano existencial. Su presencia es tan fuerte en momentos así y tendemos a recurrir a la fe en los instantes de mayor necesidad, pero en mi caso, su presencia fue tan notoria en cada paso a medida que se daban las complicaciones. Cuando visualizo desde el principio hasta aquel día de la operación, y de aquel día hasta hoy, todo cobra sentido, todo tiene una razón de ser y en este momento lo tengo muy claro.

Mi segunda oportunidad supuso un cambio radical en mi vida, en la vida de mi familia, en la vida de mis seres cercanos, mis hermanas y mi mamá. Un nuevo estado lleno de esperanzas y deseos por descubrir lo que la vida me deparaba.

De allí en adelante, quise organizar mi vida. Llevaba mucho tiempo en pausa y quería comerme el mundo, pero claro, una cosa es lo que pasaba por mi cabeza y otra la realidad. Aún faltaba mucho camino por recorrer, pero sabía que en algún momento podría ver a mis hijos, regresar a mi casa y eso me impulsó a continuar.

Esa pequeña lucecita al final del túnel cada vez se hacía más grande y sometía a la oscuridad, a mi propia oscuridad interior. Fue un momento muy emotivo y empecé a ver la luz con tanta claridad que me cegó.

Pasadas las horas, llegaron los principales doctores que intervinieron en mi cirugía: Tiago Machuca, Andrés Peláez, Mauricio Pipkin y Shahmohammadi Abas. En esta primera plática me explicaron el funcionamiento básico de los pulmones, no ahondaron en el tema, pero sí me comentaron lo importante de esto. Siempre fueron claros conmigo, sobre todo acerca de la posibilidad que existía y existe todavía de que mi cuerpo rechace los órganos, aunque todo haya salido bien durante la intervención. Como cada cuerpo es distinto y opera de forma diferente, se conjetura cómo va a responder, pero no se sabe a ciencia cierta el verdadero desenlace. Trasplantar un órgano es un salto de fe. Los doctores no pueden más que hacer estimaciones de lo que se espera que suceda. El cuerpo asume que los pulmones son un agente extraño que no pertenece allí y los ataca con todas las defensas, pero aquí es donde la medicina hace el milagro de mantener las defensas muy bajas para que el ataque no se produzca; sin embargo, eso provoca otras consecuencias. Es cuando vienen las infecciones y más problemas.

Esos primeros días estuve completamente sedado para que el dolor pudiera ser soportable, pero mi organismo respondió de mala manera a todos esos químicos. Mis parámetros se alteraron, me mareaba, sufría de náuseas y tenía vista borrosa. Todos efectos de la continua carga de medicinas.

Los doctores me hablaron del cambio de rutina y de cómo tenía que llevar mi día a día. Algunas cosas que antes hacía, ya no las podría volver a hacer. Por ejemplo, yo disfrutaba mucho de un buen vino y ahora no puedo tomarlo; además, deberé tomar pastillas de por vida. No puedo hacer mucho ejercicio y las comidas tienen ciertas restricciones. Pero todo lo que me contaban era lo de menos, yo celebraba la vida.

A medida que fueron pasando los días, descubrí lo que implicaba ser un paciente trasplantado. No fue una operación normal, podría catalogarse como un trabajo de ingeniería y mi cicatriz me confirmó tal aseveración. Cuando la vi por primera vez no podía salir de mi asombro. Es una rayita muy delgadita que me atraviesa de lado a lado, justo a la mitad del pecho. La herida es de tal extensión externa que me hizo pensar en las implicaciones internas que hubo en mi cuerpo durante la cirugía.

Los doctores me explicaron que tuvieron que romper los huesos de las costillas para acceder a los pulmones y, si te preguntas por qué no lo hacen por la parte trasera, se debe a que existe mayor probabilidad de tocar algún nervio de la columna y las consecuencias serían desastrosas. En mi caso, alcanzar los pulmones fue aún más difícil, pues tengo una hernia hiatal que subió de posición, la cual no los dejaba hacer el procedimiento con comodidad, así que tuvieron que trabajar alrededor de ella. Quitarla no fue una alternativa en ese momento porque perjudicaría sustancialmente mi recuperación.

Los días pasaban y la segunda parte del proceso de recuperación inició. Me fueron quitando los tubos, después las grapas y las sondas, una tarea que resultó ser muy molesta, pero que me permitió recobrar algo de movilidad. El respirador en la tráquea sí me lo dejaron más tiempo, no porque lo necesitase para respirar, era más que todo para darme oxígeno en las noches porque tendía a sufrir de apnea; dejaba de respirar y eso alteraba mi presión.

Poco a poco me fueron bajando la dosis de la medicina para el dolor, pero cuando se acababa su efecto, sufría de unos derrumbes gigantescos y llegaron mis primeros ataques de ansiedad. Eran terribles. Yo pensé que lo duro había pasado, pero la etapa de recuperación fue un gran desafío para mí. Entraba en un estado de total descontrol, solo Carla podía sacarme de allí, solo ella. Me daba la mano y decía:

—Respira conmigo. Respira hondo. Saca el aire. Piensa en algo bueno. Piensa en Carla Teresa y Toño. Ya vas a estar con ellos.

Su voz me iba llevando por una vereda de armonía y de calma que me hacía salir de esa angustia. Fueron cuatro episodios muy fuertes y Carla fue la única medicina que surtía efecto. Cada vez que la ansiedad se apoderaba de mí, buscaban a Carla.

Esta fue otra consecuencia de las medicinas y hasta me negué a tomarlas, pero no había remedio; aunque me hicieran sentir tan mal, era lo que me permitía recuperarme poco a poco.

En lo que respecta a los medicamentos, todavía la ciencia tiene mucho camino que transitar en el tema de los trasplantes. Hay algunos que funcionan mientras que otros no; hay medicamentos que ayudan al órgano trasplantado, pero afectan a otros órganos; hay pacientes que los aceptan mejor y otros no. Mi organismo no aceptó con agrado varios de esos medicamentos y amerité controles exhaustivos. Los doctores fueron midiendo sus efectos y cada semana me hacían exámenes de laboratorio para estudiar su reacción en mi sangre. Si el nivel de los medicamentos era alto, me bajaban la dosis, y si era bajo, me la subían; buscando siempre mantener la estabilidad.

También revisaron el resto de mis órganos y su interacción con los nuevos huéspedes. Los análisis en páncreas, hígado y riñones mostraban que todo estaba en orden y que funcionaban correctamente, así que era otra pequeña batalla ganada.

Y más cosas buenas estaban por venir. Un buen día estaba recostado en mi cama con los ojos cerrados, esperando la acostumbrada visita de rutina de los médicos y enfermeros, cuando de repente empecé a escuchar una canción que de inmediato reconocí. *Here comes the sun* de Los Beatles. Al abrir los ojos, descubrí con mucha emoción que esos inconfundibles y sonoros acordes no provenían de algún teléfono o bocina del cuarto sino de una guitarra tocada por el doctor en turno. El sonido y la voz eran impecables, tanto que parecía que era el propio George Harrison el que estaba tocando para mí. No solo me conmovía la letra de la canción, sino el gesto del doctor, quien estaba ahí de pie frente a mi cama con su guitarra en las manos, vistiendo su bata y cubrebocas, cantando con tanta pasión y amor que era imposible no sentir mi piel chinita. Además, la letra de la canción no podía ser más oportuna:

Here comes the Sun,
Here comes the Sun
and I say it's all right
Little darling
It's been a long cold lonely winter
Little darling
It feels like years since it's been here

Traducida sería algo asi: *Aquí viene el sol, aquí viene el sol, y yo digo que está bien. Cariño mío, ha sido un solitario invierno, largo y frío. Cariño mío, parece que han pasado años desde que (el sol) estuvo aquí.*

Este sorprendente gesto de los médicos no paró aquí, las serenatas se repitieron en varias ocasiones y definitivamente eran un bálsamo no solo para mis oídos, sino para mi alma. Escuchar las canciones de Los Beatles y *Feliz Navidad* de José Feliciano en la voz del coro de médicos y enfermeros, quienes lo hacían con todo el cariño del mundo, es uno de los momentos más emotivos que recuerdo y siempre recordaré de toda esta etapa de mi vida.

Esta experiencia ayudó de manera decisiva a que mi recuperación empezara a tomar otro rumbo. Además, vino la terapia física, lo que me llevó a dar mis primeros pasos y fue maravilloso. El recuerdo de meses atrás, cuando no podía dar ni uno solo, se empezaba a borrar. Fui agarrando fuerzas y caminaba de a poquito. Me llevaban a una especie de gimnasio que había en el hospital con grandes ventanales y siempre pedía una de las caminadoras que estaban frente a la ventana para disfrutar la vista del hermoso bosque afuera mientras me ejercitaba. Mirar hacia la calle me ayudaba a imaginar ese mundo. Veía la brisa mover la copa de los árboles, el sol en el cielo iluminarlo todo, los pájaros volar, y solo esperaba en algún momento poder disfrutar de semejante libertad.

Uno de esos días, mientras me concentraba en aquel exterior, pasó algo inesperado, pero maravilloso.

Yo estaba haciendo mi rutina cuando vi a tres personas en la calle con unos carteles y pensé: «Deben estar reclamando por alguna cosa de medicina», pero luego alcancé a leer y el cartel decía: «Tú puedes. Te queremos. Ánimo». No podía creerlo, eran mis hijos. Los veía mover el cartel mientras saltaban, intentado llamar mi atención. Fue una emoción tan grande, el corazón se me hinchó de felicidad. Ellos estaban dándome ánimos y, aunque no podían verme, yo sí los vi y este es otro recuerdo que siempre guardaré en esa cajita especial que llevo en mi corazón.

Después me enteré de que la artífice de todo había sido Carla. Ella conocía mi rutina, mis horarios, y se puso de acuerdo con la gente del gimnasio para que me colocaran justamente en esa máquina y yo pudiera verlos. Fue tan emotivo que el solo recordarlo me devuelve a aquellas emociones que me hacen pensar en lo maravillosa que es la vida. Esas pequeñas cosas me daban fuerzas para continuar.

Un día hasta les permitieron ir a terapia conmigo y fue un momento muy especial. Allí me di cuenta del poder que tiene el contar con personas que amas y que te apoyan en los momentos de mayor dificultad; tener un brazo del que sostenerse es muy importante. El tenerlos ahí me dio una fuerza extra y le di más fuerte a la caminadora. Terminé agotado, pero ese día hice más cosas. Trataba de luchar para salir más rápido y estar con ellos.

Iba mejorando con cada día, hasta el punto de que me quitaron el respirador artificial y el tubo pegado a mi tráquea. El doctor Peláez llegó al cuarto y, después de pedirle a la enfermera unas gasas, me quitó aquel tubo que ya parecía formar parte de mi estructura ósea. Tanto tiempo lo había llevado conmigo que no voy a decir que me había acostumbrado a él, pero no tenerlo me hizo sentir que algo faltaba en mí.

Me limpió la zona y tras fijar el vendaje a mi cuello, pude hablar. Hacía tanto tiempo que no escuchaba mi propia voz, que las lágrimas saltaron de mis ojos. No pude contener la alegría de escucharme por primera vez en tanto tiempo. Definitivamente ese es otro momento especial que no olvidaré. No sé por qué, pero tenía la idea de que mi voz sonaría como una bocina rara, aunque afortunadamente no fue así. Estaba hablando y escuchaba mi voz, mi verdadera voz.

Hasta ese momento me había comunicado por señas y Carla se volvió una experta en leer mis labios, luego lo hicieron mis hijos. Yo enfatizaba con mis labios lentamente lo que quería decir y ellos lo entendían. Pero ya no hacía falta hacer eso.

Recuerdo con claridad mis primeras palabras. Canté *Cielito Lindo* y fue una sensación mágica. Si podía cantar, por supuesto que podía hablar. Podía hablar un poco si colocaba mi mano sobre el vendaje, ya que el aire se salía por ahí y no me llegaba lo suficiente para pronunciar largas frases, pero era un comienzo.

Durante ese proceso, Carla y mis hijos rentaron una casa a 10 minutos del hospital para poder estar más cerca de mí. Ella comía en la tarde con ellos y regresaba para pasar el resto del tiempo conmigo, sobre todo durante las noches que eran los momentos más difíciles. Gainesville es una pequeña ciudad, muy bonita que alberga a la Universidad de Florida, sus distancias son cortas e ideales para alojarse en la cercanía, así que aprovecharon la dinámica de la zona para crear una rutina en torno a mí y equilibrar un poco sus agendas.

Con los avances en mi salud, los doctores determinaron que podía salir del hospital y cambiar de ambiente. Es más, lo consideraron idóneo para acelerar mi recuperación.

La noticia me produjo sentimientos encontrados. Por un lado, salir me daba mucha ilusión porque significaba que lo había logrado, pero también sentía miedo y ese mismo día le confesé a Carla que no quería irme del hospital. Me volví dependiente de los cuidados y creo que es una reacción natural, ya que, ante cualquier dolor, venían los enfermeros y me atendían. Pensar en que me pasara algo fuera del hospital y tener que salir corriendo, me aterraba, pero, tal como lo había hecho antes, Carla me tranquilizó y me hizo sentir seguro. Además, estábamos muy cerca del hospital. Aún no me sentía capaz de salir al mundo, pero físicamente estaba preparado y seguimos adelante.

El 14 de febrero del 2021 había llegado el momento de respirar un nuevo aire fuera de las paredes del hospital que por meses había sido mi hogar. Allí viví momentos muy especiales y no me canso de dar gracias a Dios por permitirme apreciar cada día el maravilloso mundo en el que vivo y las personas que forman parte de él.

Ya estaba listo para salir y una de las personas con las que hacía fisioterapia me recogió en una silla de ruedas. Carla venía acompañándonos y recuerdo que me llevó en dirección al elevador, pero no nos detuvimos, siguió derecho y pensé que tal vez existía otro elevador más adelante para los pacientes. Continuamos por ese pasillo y, al dar la vuelta, otro pasillo nos esperaba, y a lo largo de este estaban parados enfermeros, doctores, terapeutas, especialistas y muchas otras personas que me esperaban. Cuando me vieron, se desbordaron en aplausos y sonrisas, me hicieron sentir muy querido. Por muchos meses fui parte de su mundo como ellos lo fueron del mío. Ese momento fue muy emotivo, todos me decían: «Lo lograste», pero lo cierto es que todos lo logramos. Fue un trabajo en equipo. Sin cada una de esas personas, sin sus esfuerzos, perseverancia y atenciones, no lo hubiera logrado. Entonces me di cuenta de lo que significaba llegar a ese momento. Todavía no podía caminar solo, pero a la mitad del trayecto dije: «¡Yo tengo que caminar, porque el doctor dijo que yo iba a salir caminando de aquí!». Tomé fuerzas, tal vez fueron solo mías, pero las palabras del doctor Machuca de tiempo atrás me impulsaron a intentar.

Me apoyé en la silla y con ayuda de los enfermeros me levanté. Mis piernas estaban débiles y me sentí desfallecer; mis apenas 49 kilos de peso no me ayudaban en mucho, pero me mantuve de pie con todas mis fuerzas y di unos pasos. Unos pocos fueron suficientes para sentir que había conquistado el mundo. En el fondo estaban mis doctores y entre ellos, el doctor Machuca, quien sonreía con complicidad; su mirada reflejaba las palabras que llevaba tiempo repitiéndome. Y es que durante mi estancia en el hospital hicimos una muy bonita amistad y siempre le platicaba sobre la ilusión que tenía de entregar a mi hija Carla el día de su boda, y por eso él me decía: «Tú vas a salir caminando de aquí».

Aquellas palabras retumbaron en mí justo en el instante que lo vi; no pude contener la emoción, sus palabras se habían convertido en un decreto que se estaba cumpliendo por unos instantes que para mí fueron de perpetua felicidad.

Después, di unos pasos más hacia donde estaba el resto del equipo médico, los abracé, sentí un profundo cariño. La fuerza que me transmitían fue como un intercambio, ellos me ayudaron a regresar al mundo y yo les retribuía con el propósito de luchar cada día por mi vida. Me despidieron obsequiándome una bellísima tarjeta que firmaron todos y que mantengo muy cerca de mí en mi casa.

Envuelto en aquella ilimitada felicidad repleta de aplausos, me llevaron al elevador y mi corazón empezó a latir aceleradamente. Tenía tanta ansia de ver a mis hijos, de tocarlos y de abrazarlos que aquellos instantes mientras bajábamos se me hicieron una eternidad. En todo ese tiempo solo los había visto en dos oportunidades, la primera fue en navidad, el hospital les dio permiso para visitarme, y la segunda fue en la terraza de la cafetería.

Recuerdo un detalle tan pequeño como el sentir el aire fresco cuando abrieron las puertas. Ni siquiera hoy puedo explicarte aquella sensación, fue un golpe de viento fresco que nunca se me va a olvidar. Fue increíble respirar el aire de la naturaleza, percibirlo rozando mi rostro, sentir la humedad de la hierba y la madera. Cerré mis ojos un instante y simplemente respiré, profundamente, respiré. Al abrirlos nuevamente, ahí estaban mis hijos frente a mí. Apenas pude mirar sus ojos, percibir sus sonrisas y saborear un poco de ese amor que tanto necesitaba de ellos. Ansiaba volver a verlos, sin que nada nos separara, desde el mismo instante que tuvieron que dejarme en el hospital de Miami, tanto tiempo atrás. Ahí estaban Toño,

Carla Teresa y Pablo. No había forma de que me sintiera más completo. Mis hijos me abrazaron y besaron. Las lágrimas de Carla Teresa saltaron de emoción al saber que no nos separaríamos ya. El abrazarlos fue la meta que soñé por tanto tiempo y con voz entrecortada le dije a Toño: «Lo logramos».

Qué especial fue mi despedida del hospital. Otro momento representativo que aún hoy guardo en esa cajita de la que tanto he hablado y que no puedo más que definir como «corazón».

Cruzamos las puertas del hospital y una nueva etapa en mi vida comenzó.

Nos fuimos a la casa que rentaron. Un lugar muy bonito y cómodo, lleno de la vegetación tan característica de Gainesville, aquella pequeña ciudad que nos acogió durante esos meses. Habían colocado globos y letreros de bienvenida, me sentí como en casa. El cambio de ambiente me ayudó mucho en la recuperación, aunque continué sufriendo de altibajos. Por ejemplo, la primera vez que mi familia me ayudó a bañarme, tenía miedo. Mis ojos reflejaban terror, todo mi cuerpo temblaba. Me sentí tan vulnerable sentado en aquella silla de ruedas que solo bajé la cabeza. Recé y busqué a Dios para pedir que me diera fuerzas. Aquel momento quedó grabado en la mente de mi hijo Toño. Entre tantas cosas, el drenaje que salía de la vesícula era una parte de mí a la que yo no estaba acostumbrado y mucho menos mi hijo. La tarea rutinaria de vaciar la bolsita fue sencilla en un principio, pero después de tantos meses, la manguera empezó a taparse e incrementaron las molestias. Entonces, necesité un cambio.

Para cuando pasaron casi dos meses del trasplante, los doctores me dijeron:

—Ahora sí te vamos a sacar la vesícula.

Antes de la operación me habían advertido que ese sería el siguiente paso. Después de todo lo que ya había pasado, seguro sería un procedimiento fácil de superar, pero no fue tan sencillo. Para mí significaba regresar otra vez al hospital y someterme a una nueva invasión de mi cuerpo; sin embargo, no había otra opción, o me operaba o tendría que vivir para siempre con la bolsa y el drenaje pegados a mi costado.

Pasé nuevamente por entrevistas con médicos, pruebas y estudios que ya me eran familiares para determinar si estaba preparado para la nueva cirugía, y después de constatarlo, me programaron la cita. Para cualquier otra persona se trataría de una cirugía ambulatoria que le permitiría obtener el alta el mismo día, pero, como se trataba de mi caso, los doctores decidieron que me quedara una noche en el hospital con el fin de monitorear mi recuperación.

Nuevamente entré al quirófano para someterme a una microcirugía que, en comparación con la anterior, fue bastante corta. Cuando desperté, lo primero que busqué fue la bolsa y el tubito, pero, con gran alivio, me percaté de que ya no estaban. Esa parte de mí había desaparecido. Es más, aprovecharon para quitarme la segunda sonda con su drenaje. Salí tan bien de la operación que el mismo día me pude ir a la casa. En principio, no tener que quedarme en el hospital me dio mucha tranquilidad, pero la recuperación fue dolorosísima. Resulta que inyectan aire al abdomen para dilatar la zona y facilitar la extracción de la vesícula. Primero la secan y luego la succionan. La operación es relativamente rápida y se supone que poco a poco el cuerpo va eliminando el aire, pero en mi caso se desplazó hacia el torso. Sentí mucho dolor en la espalda y arriba de los hombros. Además, el doctor me había advertido que tuvo que tocar ligeramente mi hígado porque estaba pegado a la vesícula y eso incrementó el dolor. No era un asunto de preocupación, pero sí fue necesario estar revisándolo.

Ese periodo fue insoportable y el remedio fue aún peor. Me dieron más medicinas y no aguantaba los calambres ni el dolor de estómago. No me podía ni mover y ni te cuento cómo me sentía cuando tosía. Otra vez necesité una serie de cuidados y atenciones extremas. Carla tuvo mucho más trabajo que antes y mis hijos la ayudaron en todo lo que necesitaba. La verdad es que yo pensé que ya estaba listo para comerme al mundo y transité otro camino difícil que duró solo quince días más, pero que para mí, se sintieron como quince años.

Por si fuera poco, ahí no acaba todo. Como ya te comenté, el vendaje que me puso el doctor Peláez me ayudó a recuperar un poco de voz, pero tenía que presionar mi tráquea con la mano para poder hablar. Carla me cambiaba el vendaje todos los días y parecía que todo iba muy bien, incluso hasta di algunas entrevistas por videollamada. Solo quedaba esperar a que el agujero cerrara, pero se estaba tardando mucho. Lo normal es que ese agujero conocido como estoma cierre solo, pero el mío no cerraba porque era muy grande y generó algunos nuevos problemas. No podía respirar bien ni comer o beber líquidos. Tragar cualquier cosa era complicado. Estaba muy limitado.

Entonces los doctores decidieron cerrarlo con cirugía para poder normalizar mi funcionamiento. Sí, faltaba otra operación más, pero cómo la agradezco.

La cirugía fue en el mismo quirófano donde me hicieron el trasplante y justo me acordé apenas me ingresaron. La operación pasó sin mayor percance y fue mucho menos invasiva que las dos anteriores. El resultado fue súper positivo. En cuanto lo hicieron empecé a respirar mejor, también a beber y a comer. Llevaba meses sin comer ni beber líquidos, así que puedes imaginar lo mágico de aquellas sensaciones, de esos primeros bocados. Finalmente estaba comiendo y saboreando todo con tal placer que era como si probara comida por primera vez en toda mi vida.

Con el tiempo, empecé a ganar algo de peso, gracias a que Pablo me consentía con sus deliciosas comidas. Él es un fabuloso cocinero, así que todos los días me sorprendía. Definitivamente Dios pone en nuestro camino a las personas correctas y Pablo es uno de los ángeles que forman parte de mi vida; un ser de luz maravilloso, no solo porque hace feliz a mi hija Carla, sino porque es un hombre que supo ser un apoyo para mi familia en el momento de mayor dificultad. Al igual que nosotros, él tampoco estaba preparado para lo que le tocó vivir, pero lo afrontó de todo corazón y con mucha fortaleza.

Cada uno de aquellos momentos eran pequeños pasos que me permitían tener una rutina y llevar una vida más normal.

Estuvimos poco más de un mes en aquella casa cercana al hospital mientras superaba los obstáculos durante mi recuperación, pero al final de ese tiempo mejores noticias llegaron. Los doctores decidieron darme de alta y el viajar a Miami se estaba convirtiendo en una vívida posibilidad.

Pensar en llegar a casa y respirar el aire tan familiar de mi hogar era maravilloso, no solo porque significaba un regresar, sino porque era la prueba de que mi vida lejos de los quirófanos realmente estaba por iniciar.

PARTE III

UNA NUEVA OPORTUNIDAD

CAPÍTULO 7

El tan ansiado regreso…
de nuevo en casa

Por fin llegó el día de viajar y, apenas nos subimos en el avión, Carla dijo:

—Ya. Ahora sí. —Se le salieron las lágrimas con la emoción desbordada.

Ella estaba tan feliz, pero yo, en cambio, sentía una mezcla de inquietud y miedo. No sabía cómo reaccionaría mi organismo a la presurización. Solo era una hora de vuelo, pero la sugestión podía más. Mi cabeza jugaba conmigo, creando situaciones que no estaban pasando. Le decía a Carla que me faltaba el aire, ella me medía los niveles con el oxímetro y todo estaba perfecto. En ese momento de angustia tomó mi mano y entre sus palabras resaltó:

—Todo está bien. Descansa y respira. —Una ráfaga de tranquilidad me envolvió y, conforme fue pasando el vuelo, me di cuenta de que estábamos súper bien. La confianza regresaba a mí y los demonios que me atormentaban se alejaban de mis pensamientos.

Aterrizamos en Miami sin mayor contratiempo y nos fuimos directo a casa. A medida que nos acercábamos, mi alegría crecía. Solo pensar en aquellas paredes que me daban cobijo, que olían a hogar, era para mí regresar a mi vida como la conocía, a mi vida antes del

Covid, a donde había sido tan feliz. Toda esa sensación me llenaba de un regocijo que jamás olvidaré.

Al llegar a casa, apenas crucé la puerta y pude sentir que estaba en mi lugar. Respiré profundo y olía a mi hogar. Miré a mi alrededor como guardando una fotografía de aquel sitio tan especial para mí. En eso estaba cuando una maravillosa sorpresa hizo saltar mi corazón. Sonidos de niños corriendo hacia mí y otras voces que conocía a la perfección llenaron de color la apacible tranquilidad. «Yo los conozco. ¿En serio están aquí?». A pesar de la estricta pandemia, volaron desde México para recibirme. Eran mis hermanas, sus esposos y mis sobrinos. Qué maravillosa sensación me abordó. Quería abrazarlos, sentirlos, pero guardaron distancia, cumpliendo todas las medidas de bioseguridad que todos conocemos. No podía tocarlos, pero sentí su amor pleno atravesando por completo mi corazón. Definitivamente saberme en mi hogar con mi familia fue una emoción muy grande al mismo tiempo que gratificante.

De allí en adelante, nos tocó implementar una nueva rutina. Fueron días de mucha reflexión y conversación. Hablábamos de la muerte, un tema muy duro de tocar, pero necesario ante lo vivido. Y quiero enfatizarlo aquí porque estoy seguro de que no estamos preparados para ella y muchas personas no se detienen a pensar en ella, pero mi experiencia me enseñó que puede ocurrir en cualquier momento, ya sea que la esperemos o no. Yo nunca imaginé que pasaría por esta situación y mucho menos lo cerca que estaría de morir, varias veces; así que debemos estar preparados y aceptar que eso es voluntad de Dios. Por eso es que debemos vivir cada día, dar gracias por cada momento y estar con la familia. ¡Pero hacerlo de verdad!

Además de conversar mucho, sobre todo tipo de temas que jamás habíamos considerado, nos fuimos acoplando de nuevo y a cada quien se le asignó una labor en la casa. Actividades que para cualquiera son simples, que damos por hecho, pero que para mí resultaban ser complejas. Un pequeño movimiento representaba una cosa muy grande. Ir al baño, lavarme los dientes, bañarme, vestirme, comer, subir y bajar las escaleras eran todo un proceso. No me podía levantar cuando yo quería ni qué decir de caminar, que fue de lo más difícil; pero siempre he tenido a mi familia para ayudarme, sobre todo en estas etapas que eran como si estuvieran cuidando a un niño.

En este proceso también hubieron bajadas y subidas, pero, al final del día, lo más importante era terminar en una subida con el ánimo al máximo, sabiendo quiénes somos como familia y lo que representamos dentro de nuestro núcleo familiar.

Carla es el pilar de esta familia, sin duda. Siempre ha sido mi fuerza, estuvo ahí todo el tiempo y siempre me ha cuidado de todas las formas imaginables. Toño y Carla Teresa me han dado mucho cariño y son el complemento perfecto para cada una de las actividades que tengo que hacer. Realmente fue un desgaste muy fuerte para ellos, pero lo hicieron con gusto, cariño y con una sonrisa, lo cual se los agradeceré siempre. Ellos me ayudaron a conectar mis propias piezas, física y mentalmente.

Estamos tan acostumbrados a no ver lo extraordinario en lo ordinario que no nos detenemos a pensar qué significa tener autonomía y su valor en nuestra vida. Valernos por nosotros mismos hasta para las tareas más simples, aunque no lo parezca, es una gran bendición. Todo esto fue y sigue siendo una etapa de aprendizaje para mí —de volver a empezar a vivir—, por lo que el día a día se ha convertido en algo maravilloso.

Ya no me canso tanto como antes. Los medicamentos me siguen causando efectos, aunque cada vez menos. Veo un poco borroso, a veces hasta doble y me mareo. Los pies me duelen, se hinchan y además el derecho no acaba de despertar, pero sigo en terapia y poco a poco he ido ganando fuerzas que, para mí, se traduce en autonomía, en la posibilidad de ir haciendo mis propias cosas y obtener más libertad de movimiento.

Además, estoy muy contento porque nos hemos consolidado como familia. Siempre hemos estado unidos, pero ahora la relación es más estrecha que antes y no solo con Carla y mis hijos. A veces nos juntamos por videollamada con la familia de Carla y la mía para rezar el rosario, y es una gran emoción que nos llena de plenitud.

Hemos descubierto que en las cosas pequeñas existe tanta grandeza, aun más que en las cosas grandes. Apreciamos cada instante que la vida nos da, cada segundo que Dios nos permite continuar. Y en ese proceso de no hacer grandes cosas, pero sí de cambiar de aires, ahora visitamos a la comunidad «Ave María» en el condado Collier, un pequeño pueblo de fe católica muy arraigada y fundado por Tom Monaghan, creador de la cadena Domino's Pizza. Un lugar desconectado de la ciudad, idóneo para descansar, lleno de paz. Su iglesia es muy especial para nosotros porque nos da confort y regocijo. Disfrutamos mucho ir a rezar y nos maravillamos de su imponente arquitectura, representando con toneladas de mármol la «Anunciación de la Virgen». De hecho, es el lugar donde Carla Teresa y Pablo tendrán su hogar y eso nos alegra mucho porque es muy tranquilo, alejado de las complejidades de las grandes ciudades. Además, aloja a la Universidad Ave María, donde ella va a estudiar.

La naturaleza dicta que los chicos crezcan, se casen y hagan su vida alejados de los padres, pero Carla Teresa y Toño han decidido quedarse cerca de nosotros. Ave María está muy cerca de nuestra casa, así que podremos compartir frecuentemente con Carla Teresa y Pablo, además Toño y yo tenemos muchos planes de trabajo juntos. Me alegra poder ayudarlo en la construcción de su camino profesional. Carla y yo nos sentimos plenos, felices y satisfechos de los maravillosos hijos que tenemos, y el que quieran permanecer cerca de nosotros nos motiva muchísimo. Es un sueño poder estar tan cerca de ellos, sabiendo que cada quien tiene su tiempo y su vida, pero que también podemos mantener nuestra unión familiar.

Dios me ha dado una nueva oportunidad y voy a vivir cada día al máximo, porque estoy convencido de que tengo la misión de hacer su voluntad. Y no podría ser diferente. ¿Cuánta gente ha regresado de la muerte? ¿Cuántas personas viven gracias a un milagro? ¿Cuántas pueden sentirse tocadas por Dios? Yo soy una de ellas en todos los sentidos. Cada una de estas preguntas se refiere a mí y estoy aquí de nuevo, desde mi dolor y mi alegría, desde la pérdida y la ganancia, desde la muerte y desde la vida. Yo estoy aquí para contar mi historia y para ayudar a otros a comprender la suya. Esa es mi misión.

Estoy convencido de ello gracias a María Visión, un canal de televisión católico. Allí he participado en tres ocasiones para dar a conocer mi testimonio, el primero solo y el segundo y tercero junto a mi familia, los cuales también fueron transmitidos por YouTube y la respuesta del público fue asombrosa. En una semana el canal alcanzó más de un millón de visitas y esa es la señal que le había pedido a Dios. En mis oraciones le pedí que me guiara, que me dijera lo que tenía que hacer, que me dijera el para qué me devolvió aquí otra vez.

Estoy convencido de que debo ser creador intencional de mi vida, replicador de mi propio mensaje, porque mucha gente se siente identificada con lo que me sucedió. Son tantas las familias que sufren de enfermedades iguales o peores que la mía y necesitan ser escuchadas, ser entendidas y yo quiero formar parte de su mensaje que es el mío propio.

Como familia queremos ayudar a la gente que esté pasando por un mal momento. Dios está en cada uno de nosotros, nos acompaña a cada paso y hay mucha gente que se ha alejado de Él, que lo ha olvidado, y yo quiero decirles que, aunque estemos pasando momentos difíciles, Él está con nosotros y lo que ocurre es siempre su voluntad. Hoy le pido que siempre me ilumine en este camino que sé que es mi destino. Esta es mi razón de existir.

Tanto sacrificio sería en vano si yo no comparto lo que viví, si yo no ayudo a quienes lo necesitan. Es por eso por lo que hoy escribo estas líneas. Es por eso por lo que hoy te cuento mi experiencia con todo lo malo, pero también con todo lo bueno; con lo negativo, pero mucho más con lo positivo. Con toda la fuerza que me dio mi familia, con tantos mensajes de amigos, con la devoción y la entrega de los médicos. Y con Dios, siempre.

Yo quiero seguir alzando mi voz, decirle al mundo la importancia que tiene ayudar a otros y, sobre todo, en lo que respecta a la donación de órganos. La sociedad está preocupada por estos temas y lo sé, no solo porque lo viví en carne propia, sino porque son muchas las organizaciones, fundaciones e iglesias que me han manifestado su interés en lograr salvar más vidas. Creo que el punto de partida es un tema de legislación, reglamentación y protocolos que deben ser impulsados para crear un mayor grado de consciencia en las personas acerca de la importancia de los trasplantes, porque realmente se trata de salvar vidas y no es un experimento o algo turbio o negativo como lo que algunas personas comentan. Es una realidad, donde los principales protagonistas son la persona que dona y la persona que recibe. El día de mañana nuestra vida podría depender de la donación de órganos de alguien que decidió decir sí a la vida después de su partida, o bien, como donantes, podríamos salvar una vida cuando nuestros órganos ya no signifiquen nada para nosotros porque hayamos partido de este mundo. Podríamos estar en cualquiera de los dos lados, no sabemos.

Son muchas las personas que me comentan que mi experiencia es diferente porque estaba en Estados Unidos y la verdad es que eso fue una casualidad del destino porque me pudo haber ocurrido en México o en cualquier otro país, por lo que debemos replicar los buenos métodos, repetir los sistemas adecuándolos a las sociedades, pero sí hacerlo. No podemos solo esperar.

Ya es hora de involucrarnos, de evitar mantenernos al margen porque no nos afecta o creer que jamás lo hará. Lo cierto es que ninguno de nosotros piensa que necesitará un trasplante o una cirugía mayor, pero nadie está exento porque, a fin de cuentas, somos seres humanos con tiempo finito en este plano de existencia, aunque este puede ser extendido gracias a los saltos cuánticos que ha dado la medicina. En este punto, es muy importante tomar consciencia, educar a la gente para que sepa que no deben tener miedo. Hay mucha gente que quiere ser donante, pero no sabe cómo hacerlo ni a dónde ir. Existe tanta desinformación de los procedimientos y debemos empezar a cambiar ese hecho.

Pienso mucho en la persona que me dio sus pulmones porque, gracias a ese maravilloso regalo, tengo vida, y hoy más que nunca voy a trabajar para diseminar como una semillita el mensaje de que los trasplantes salvan vidas. Yo soy un ejemplo vivo y todos los días que siga aquí, transmitiré mi mensaje. También es mi forma de honrar a esa persona que me dio parte de sí para prolongar mi vida. Antes de salir del hospital me interesé por saber quién era y, si fuera posible, me gustaría conocer a su familia. Les pregunté a los doctores por esa posibilidad, pero los protocolos establecen que cualquier posible contacto solo puede ser luego del primer año. El procedimiento dicta que el hospital debe comunicarse con la familia del donante y, si dan su consentimiento, se puede fijar el encuentro entre las partes.

El 15 de diciembre del 2021 es la fecha en que cumplí el año de haber obtenido el trasplante y espero poder conocer a la familia de esta persona, quiero saber más de él o ella. Quiero que me conozcan y que sepan que estoy vivo gracias a su familiar. Mi lucha se hace aún más fuerte pensando en quién puede ser. Mi familia y yo lo tenemos en nuestras oraciones, pedimos por su alma, pedimos por su familia, porque Dios los reconforte en sus momentos difíciles. No obstante, mientras el tiempo sigue su andar decidí escribirles una carta. Es una carta de agradecimiento por el regalo de vida que su ser querido me dio, un regalo que siempre llevaré con amor y que cuidaré porque seguramente esa era la intención que tenía esa persona al donar sus órganos.

De alguna forma él o ella sigue vivo, vive en cada bocanada de aire que doy, vive en cada abrazo, en cada demostración de amor; vive en mi voz, en cada una de mis palabras. Él o ella vive en mí.

CAPÍTULO 8

Lo bueno está por venir

—Pa, mientras estabas enfermo, hicimos varios proyectos con el sello de la productora. Y ahora tengo tantas ideas, tantos planes. Quiero llevar al mundo un mensaje de esperanza, que se puede seguir adelante pese a la adversidad. Quiero que la productora tome ese rumbo. Deseo que sea un instrumento para crear consciencia.

Los ojos de Toño se iluminaron y desbordaban entusiasmo con cada una de sus palabras. Qué feliz me hizo escucharlo, y saber que mi hijo está en el camino correcto me llenó de amor.

Antes de enfermarme, Toño y yo materializamos un proyecto que tenía rondando en mi cabeza desde hacía tiempo: la productora. Un espacio que da cabida a muchos actores y que pretende cruzar tantas fronteras como sea posible. Su principal objetivo es llevar a la pantalla historias que inspiren a otras personas. Abrimos oficinas en Miami y en México; además, estamos pensando expandirlas a España y República Dominicana. Hace dos años comenzamos este camino que nos abrió las puertas a otras posibilidades de vida. Fue una forma de extendernos a nuevas vertientes del negocio que por tanto tiempo ha estado en la familia. Porque han de saber que mis hijos también llevan en la sangre la vena artística.

Carla Teresa llegó un día y me dijo que quería cantar y, no porque fuese mi hija, le dije que sí. Yo vi que ella podía, que tenía talento;

pero eso sí, con la condición de que se preparara para enfrentarse a ese nuevo mundo y lo hizo. Estudió, se preparó y grabó cuatro discos. Hizo una carrera. Luego conoció a Pablo y encontró la necesidad de priorizar otras facetas en su vida. Decidió casarse y retomó sus estudios donde los había dejado. Y Toño estudiaba Economía en la Universidad de Los Ángeles, pero a los dos años sintió interés por el área de actuación y producción. En ese entorno descubrió un gran cúmulo de creatividad en él y decidió explorar su lado actoral, así que, mientras estuve en coma, participó en dos cortometrajes y en la serie de *Luis Miguel*.

Carla y yo siempre hemos apoyados a nuestros hijos. Es importante que todos sigamos nuestros sueños, que escuchemos a esa vocecita —llámala intuición, universo, Dios o como quieras—, pero escúchala porque te llevará por el camino correcto para descubrir tu destino, la razón por la cual vinimos a este mundo.

Las decisiones de mis hijos me llenan de orgullo, de gusto, y mientras Toño me platicaba sobre la productora, me percaté de que la productora seguía avanzando; no la dejaron caer ni morir, todo lo contrario. Toño tomó el volante junto con el equipo de trabajo; seguían sacando los proyectos y cuando regresé a casa me encontré que hasta ya habían programado y tenían casi listo el rodaje de la serie que dejé pendiente antes de caer en coma.

Su nombre es *Mariachis* y es una historia muy bonita, promovida y escrita por el director y productor de cine español Frank Ariza. Es una serie que trata de una familia de mariachis —como hay miles y no solo en México—, pero esta familia es peculiar porque el patriarca del hogar, interpretado por Pedro Fernández, empieza a sufrir de Alzheimer. Es una historia ficticia con mucho de realidad porque hay muchas personas en el mundo que son víctimas de esta enfermedad degenerativa incurable que es capaz de destruir a familias enteras. A esta familia grande, en la que cada quien está en lo suyo, sumidos en sus propios orgullos, la situación los lleva a unirse, a dejar de lado sus diferencias para ayudar al papá que proviene de una familia de mariachis. Entonces, deciden también ellos formar un grupo, pero el camino se torna difícil porque cada uno tiene sus ideas preconcebidas, su manera de ver al mundo. Son muchas las aventuras que viven los personajes y eso le da matices a cada capítulo para construir una historia en torno a la familia. El mensaje de la historia es la fuerza gigantesca que una familia puede lograr si está unida.

Me da mucha ilusión que hayamos tocado este tema, visto desde la esperanza y la unión familiar, desde el poder ayudar a las personas. Y en este punto, mi propia experiencia y la de mi familia son elementos que enriquecen historias como estas porque, al haberlo vivido en carne propia, sabemos las vicisitudes que pasan las familias, tratando de superar episodios de vida tan difíciles.

En julio del 2021 comenzamos el rodaje y pude estar no solo como productor, sino también como actor, junto a Toño, cosa que como papá me llena de orgullo, sobre todo cuando lo escuché decirme:

—Pa, este proyecto es increíble. Estoy feliz y más porque lo puedo compartir contigo.

Mientras escribo, la felicidad me abruma porque yo también soy inmensamente feliz de compartir con mi hijo este y todos los proyectos que vengan.

Durante este tiempo, la productora se ha estado fortaleciendo con otros proyectos. Coproducimos la película *La casa del caracol* en España. Además, Toño hizo una película, una serie y un corto llamado *The Caddy* que entró a concursar en el «L.A. Shorts International Film Festival». Va llevando la carrera en paralelo, entre la actuación y la producción. No puedo sentirme más pleno, al igual que Carla, de los hijos que hemos criado.

La productora es el plan de vida de Toño. Es nuestro legado para otras generaciones. Y avanza con un esquema distinto a los estereotipos; una nueva estructura que me llena de orgullo, porque el objetivo es hacer contenido interesante, lleno de positivismo, de superación familiar, de valores; con fuertes mensajes de lo que significa creer en Dios. Se trata de una programación más blanca y qué mejor ejemplo que *El Chavo del 8*. Aun después de tantas décadas, sigue más vigente que nunca.

Tal vez se piense que es un mercado menos comercial, lejos de temas como el narcotráfico o el tráfico sexual, pero lo cierto es que hemos evidenciado que la gente sí quiere conocer también de otros temas, más propositivos, más nobles, con valores que nos dejen algo bueno porque somos más los que los vivimos día a día. Muchas personas quieren abordar contenidos de calidad sobre situaciones similares. Y te cuento que esta idea no vino de mí, fue Toño quien la propuso. A los 22 años, su fe en Dios fue retada y sintió una conversión durísima. Así que escuchando lo que le dice su voz interior, quiere desarrollar contenidos que le llenen a nivel personal y que ayuden a otras personas a encontrar su camino. La verdad, es imposible que me sienta más feliz.

Todas estas experiencias, al final del día, son aprendizajes positivos para mí y para mi familia, por ello es que deseamos llegar a tantas personas como sea posible. Y por muy difícil que las circunstancias sean, no las debemos ver como castigos porque no lo son. Son experiencias que nos tocan vivir y superar. El virus es una circunstancia que nos ha tocado vivir a todos, ninguno está exento de lo que ha sucedido este último año, pero lo cierto es que la medicina realiza grandes aportes a pasos agigantados, como nunca en la historia se ha visto, y están trabajando en las vacunas para que los niveles de contagio bajen hasta el punto de crear inmunidad en la mayoría de la población. Aunque no podemos confiarnos, los especialistas trabajan en la solución. Hay personas que creen que el Covid 19 es una simple gripa o, peor aún, que no existe; que es un invento al que no van a prestar atención o que no se van a contagiar, y puedo garantizar con cada fibra de mi ser que no es así. Mi objetivo es contar lo que me pasó para que piensen dos veces antes de hacerse de oídos sordos a esta realidad.

Yo, por mi parte, aún no estoy al 100 %, pero ya dejé la silla de ruedas y pronto espero dejar el bastoncito guardado en el closet.

Estoy motivado y cada paso es un avance para ser replicador de mi mensaje e historia.

Al final del camino, esta es para mí una historia muy bonita, de superación, de lucha y de amor de familia. Son muchos los pasos que hemos dado para llegar hasta este momento, pero no puedo quedarme sin platicarte cómo terminó la historia que dejamos en *stand by* al inicio de mi relato del contagio, cuando todo este recorrido comenzó y te hablaba de la boda de Carla Teresa. Si te preguntas qué fue de eso, pues te cuento que tenía muchísima ilusión de entregarla en el altar en la boda religiosa. Fue una de mis mayores motivaciones para continuar y ¿sabes qué? Lo logré.

Tantas veces soñé con ese momento, pero fue mejor que cualquier sueño porque fue real. Era el final de un ciclo y el inicio de una nueva vida para todos. Vinieron mi mamá y mis hermanas. Tenía tanto tiempo sin ver a mi mamá que se me hace un nudo en la garganta al recordar nuestro encuentro tan especial, repleto de abrazos, besos y lágrimas de felicidad.

Llegó el día de la boda, y cuando vi a mi pequeña en su vestido blanco, fue imposible no emocionarme, parecía una hermosa muñequita. Mi corazón latía y sentí que se desbordaba de mi pecho ante tanta felicidad. La tomé del brazo, más bien ella me tomó a mí y me ayudó a caminar. Cada paso por el pasillo de la iglesia dejó de contar, solo importaba aquel momento. Nada más que ese tiempo y solo puedo concluir diciéndote que fue mágico.

Durante este camino tuve que aprender todo de cero: a respirar, a moverme, a caminar, a hablar. Fue un proceso muy fuerte, pero muy bonito a la vez porque me descubrí a mí mismo de nuevo y nos reencontramos como familia. Para levantarse hay que caerse y yo me caí y me levanté muchas veces. Ahora, tengo muchos pendientes. Son tantos los proyectos que quiero materializar y, hoy más que nunca, el deseo de vivir me impulsa a ser cada día mejor, a ayudar y a continuar. Dios quiere que esté aquí, así que lo voy a aprovechar. Por eso digo que lo bueno siempre está por venir.

CIERRE

Más vivo que nunca...
de la mano con Dios

«Dios mío, aquí estoy, completamente a tu disposición. Solo hazme saber dónde me quieres y yo cumpliré tu voluntad». Estas fueron mis palabras en aquellos momentos de adversidad. Cuando mi mundo se derrumbaba, hablar con Dios fue la salida ante tanta desesperación. En la oración encontré las respuestas a mis preguntas y la paz que necesitaba sentir en mi corazón.

Nunca me quedó duda de que Dios estuvo ahí todo el tiempo, sin embargo, quizá no alcancé a dimensionar del todo de qué tamaño fue su intervención, ya que, a más de un año de esta experiencia, me sigo enterando y sorprendiendo de las «Diosidencias» que se presentaron en este sinuoso camino. No todo quedó en aquellos milagros que ocurrieron cuando los médicos le decían a mi esposa que ya no iba a despertar y, a la mañana siguiente, ahí seguía yo en la batalla. Recientemente nos enteramos de que mi caso era tan delicado que lo rechazaron cinco veces. Esto no lo supe hasta ahora. Las instituciones y hospitales que hacen trasplantes en Estados Unidos recibieron y rechazaron atender mi caso, no una ni dos, sino cinco veces; hasta que, por obra y favor de Dios (así es como yo lo veo), el hospital Shands en Gainesville, Florida, decidió aceptarme. Gracias a esto, hoy estoy viviendo esta segunda oportunidad de vida. Cinco negaciones tuvieron que pasar antes de que la última esperanza de vida se hiciera presente en mi camino y me dieran el «Sí».

Es muy fuerte la lucha entre el bien y el mal que se presenta ante nosotros cuando estamos al borde del precipicio y el camino delante de nosotros es completamente oscuro. El mal intenta apoderarse de nuestra mente y juega con ella a través de pensamientos que acaban con toda nuestra integridad y nos llevan al límite de ya no poder más. Claramente, yo sé lo que significa, lo viví en carne propia. En algún momento sentí que debí haberme ido, pero Dios, al escuchar tantas y tantas oraciones, me demostró que estaba a mi lado, que yo podía seguir para cumplir mis sueños y le estoy muy agradecido. Por eso te cuento que nos podemos sentir doblegados o superados por una situación difícil, pero es cuando tenemos que luchar, respirar profundamente y agarrar fuerzas; es cuando tenemos que jalar a Dios para no caernos. Porque cuando lo atraemos a nuestra vida con toda la intencionalidad, cuando nos reencontramos con Él, no existe nada ni nadie que pueda más. Y es entonces, te lo aseguro, es entonces cuando renacemos; cuando tenemos la certeza de que no importa lo que suceda; cuando nos entregamos completamente y le permitimos hacer su voluntad.

Por muy difícil que sea el camino, por muy escabrosa que sea la montaña, nuestras vidas son un milagro, la tuya y la mía; por eso debemos vivirlas al máximo, saboreando cada comida con placer, respirando el aire con intensidad, admirando cada amanecer y cada atardecer, sonriendo cada mañana al despertar, amando con todo nuestro ser. Simplemente viviendo.

Ahora veo la vida distinta. Literalmente, para mí es de otro color. Todo es más verde, todo es más azul. Existen más sonrisas y alegrías. Existe más amor. Miro a Carla, a Toño, a Carla Teresa, a Pablo, a mis hermanas, a mi mamá, a la familia de Carla y a mis amigos. Te percibo a ti a través de estas líneas y todos son diferentes. Ya dejé de buscar, ahora me dedico a vivir y a dar valor a todo, absolutamente a todo lo que realmente vale la pena.

Mi cajita está llena, pero estoy muy motivado y aún le haré mucho espacio para seguir guardando cada momento, cada instante de vida, que hoy sé que son especiales.

Quiero que creas en lo que se siente bien para ti, en lo que te hace feliz, en la simplicidad de la naturaleza, en lo que aparentemente es evidente, pero olvidamos que está allí; quiero que creas en ti. Existe un campo infinito de posibilidades. Ya no demos nada por sentado y aprovechemos cada instante como si fuera el último, pero sabiendo que mañana el sol brillará de nuevo.

Ten fe y esperanza. Ahora, aprovecha el tiempo. Busca a tus seres queridos y demuéstrales que los quieres. Ábrele la puerta a Dios, ábrele tu corazón y déjalo entrar. Deja que se haga su voluntad y mira, realmente mira con claridad la luz.

Deja que Dios te tome de la mano, tal como yo lo hice para respirar una nueva oportunidad.

Querido Lector,

Gracias por tomarte el tiempo de leer este testimonio, espero que te haya servido en algo esta experiencia que me tocó vivir y deseo con todo mi corazón que nunca pases por un caso como el mío.

Todo lo que te he platicado ha sido una experiencia que marcó mi vida y la cambió para bien. Hoy veo la vida de otra manera y me doy cuenta de que el pasado pasó, el presente es HOY y el futuro no lo sabemos, pero encontré en Dios las respuestas a las preguntas que en toda mi vida me había hecho, y haber encontrado este camino con Dios me da la fortaleza de vivir cada día lleno de grandes cosas y personas que me rodean: ¡Sin duda, la mejor y más maravillosa compañera que es Carla! ¡Unos hijos únicos! ¡Una familia auténtica y unos amigos que Dios puso en mi camino! ¡Un donador que me dio un regalo de vida! ¡Unos doctores increíbles! ¿Qué más puedo pedir? ¡Soy un bendecido por Dios y mientras Él lo quiera, yo seguiré transmitiendo su mensaje y mi testimonio de vida!

Quiero cerrar este libro con la frase que más me motiva:

«SI ÉL MURIÓ POR MÍ, YO QUIERO VIVIR POR ÉL».

BENDICIONES

GRACIAS

IMPORTANTE

La donación de órganos puede salvar vidas.

Si tienes preguntas o quieres conocer más sobre el tema de donación y trasplante de órganos, visita: heroesporlavida.org
Escanea para conocer más sobre la donación de órganos.

TESTIMONIOS

Testimonio de Carla (esposa de Toño)

El mundo se detuvo. Para mí, el tiempo que Toño estuvo en el hospital fue de mucho aprendizaje; aprender a tener paciencia, a confiar en Dios y a valorar lo que en verdad es importante: la familia, el tiempo que le podemos dar, el significado de cada momento y el no dejar nada para después. El apoyo de los amigos fue otra pieza muy importante.

Mis hijos fueron mi fuerza, verlos a ellos y saber lo que estaban viviendo me hacían fuerte para recibir las noticias y saber cómo dárselas a cada quien. Dentro de la tormenta, Dios nos dio la paz para seguir adelante, y al final, el milagro de vida para Toño, por el cual vamos a estar agradecidos toda la vida. Aunque también estábamos conscientes de que, si la decisión de Dios hubiera sido llevárselo, igualmente hubiéramos aceptado su voluntad; como me dijo un día Carla, mi hija: «Nadie lo quiere más que Dios, así que va a hacer lo mejor para él».

Testimonio de Carla Teresa (hija de Toño)

Fue difícil creer lo que estaba pasando, pensé que solo serían unos días porque no lucía tan grave. Un día le llevamos unas donas al hospital, y una enfermera nos dijo, muy optimista, que seguro iba a salir muy pronto, sin embargo, eso no sucedió; fue cuando peor estuvo y lo tuvieron que intubar. No me esperaba todo lo que íbamos a vivir.

Mi papá siempre fue la cabeza de la casa, en el sentido de que él hacía funcionar todo, y nosotros siempre lo seguíamos. Cuando lo intubaron, sentí que se derrumbaba todo, ya que no estaba la cabeza de mi familia. En sus peores días, sentí un dolor tan profundo que parecía increíble que existiera algo así, pero no era físico, sino, más bien, del alma, el cual se volvía más intenso cuando comenzaba a pensar que, a lo mejor, no lo volvería a ver, que probablemente no volvería a hablar con el hombre que me dio la vida y al que tanto quiero.

Comienzas a pensar en que quisieras estar ahí con él, sobre todo, porque él era el primero en estar con nosotros cuando nos sentíamos mal. Siempre estuvo ahí acompañándonos, dándonos la mano, estando pendiente de lo que nos faltaba, de lo que necesitábamos; y saber que él estaba solo en el hospital —sin poder verlo, sin poder ayudarlo— fue difícil. Yo le mandaba mensajes de texto y audio por WhatsApp, en ocasiones alguna foto o alguna cosa, y es que ya tenía ganas de platicar con él sobre las cosas que íbamos viviendo, las cosas que iban pasando. Y aunque yo sabía que él no podía contestar, era como una manera de tenerlo y sentirlo cerca. Yo pensaba mucho en él al ver en mi casa las cosas que nos había regalado. Tenía muy presente su voz en mi cabeza al recordar cuando me enseñaba a hacer las cosas bien, o cuando nos pedía llevar un paraguas porque llovía; esos detalles hacían que escuchara su voz perfectamente, pensaba en cada cosita graciosa, de enseñanza o hasta boba, y eso me hacía sentirlo cerca.

A pesar de todo lo ocurrido, le doy gracias a Dios porque estuvo con nosotros paso a paso, porque sé que, si nos hubieran dicho todo lo que íbamos a pasar, lo que él iba a sufrir, seguramente hubiéramos pensado que no íbamos a poder con eso, pues era mucho. Sin embargo, Dios nos dio mucha fortaleza y mucha paciencia para vivir cada momento; nos daba también mucha esperanza, confiábamos y creíamos en Él.

A pesar de todo, pudimos sentir cierta paz, ya que sabíamos que nada es imposible para Dios. Tuvimos mucha fe, entendiendo que todo tiene un propósito. Además, dentro de toda esa tormenta, encontramos momentos de alegría, de risas, de crecimiento, todo gracias al amor tan grande que le tenemos su familia y nuestros amigos. Siempre estuvimos rezando y pidiendo mucho por él, fue increíble ver cómo la comunidad, nuestra familia y nuestras amistades se unieron mucho a nosotros. Fue muy bonito sentir que nos apoyaban y que estaban pendientes de nosotros durante este proceso.

Todo esto me hizo crecer y acercarme más a Dios, y puedo decir que definitivamente hoy soy mejor persona, la que continúa valorando, atesorando, disfrutando y sintiendo más amor hacia mi familia, mi hija, mi esposo, nuestras amistades y mis padres. Sigo disfrutando el regalo que Dios me concedió de ver a mi padre gozar momentos con mi hija, que haya podido conocerla y abrazarla, ese ha sido un regalo maravilloso.

Testimonio de Toño (hijo de Toño)

Cuando entró mi papá al hospital, a mí me afectó mucho porque yo nunca entendí la gravedad de lo que le estaba pasando. Hasta que lo intubaron me di cuenta de lo serio que era. En cuanto lo entendí, la prioridad fue rezar.

Justo nos habíamos estado dedicando como familia a enfocarnos más en Dios; rezando, viendo las misas, leyendo y platicando la Biblia; algo que nunca habíamos hecho, pero que, por la situación del confinamiento, habíamos tenido el tiempo para hacer. Es impresionante cómo el rezar nos daba paz —sentíamos que Dios de verdad estaba ahí con mi papá— y veíamos cómo la carga se hacía más ligera.

Los que estábamos en casa nos unimos de una manera increíble. Nadie se separaba. La mayor parte del día rezábamos juntos, pero cuando nos poníamos a pintar, a hacer ejercicio, o lo que fuera, lo hacíamos también siempre juntos.

Era horrible cuando sonaba el celular de mi mamá porque el tiempo que pasaba para que nos dijeran qué sucedía se sentía eterno y eran minutos de pura angustia. Y rara vez eran buenas noticias. Pero, aun así, nunca perdimos la fe, seguíamos rezando. Y hasta cuando los pronósticos eran los peores, siempre decíamos: «El que decide eso es Dios», especialmente cuando nos decían que no iba a pasar de las siguientes horas.

Llegó un punto en el que no podía creer que no hubiera salido del hospital todavía. Ya habían pasado meses y ahí seguía. Sentía que no avanzábamos hasta que Carla, mi hermana, dijo algo increíble: nos dijo que nadie amaba más a mi papá que Dios, y si Él permitía que siguiera ahí adentro, era por algo. Luego, cuando nos dijo el doctor que los pulmones nuevos de mi papá eran «perfectos», entendimos que la espera había sido por su bien.

También fue un gran apoyo toda la gente a nuestro alrededor que nos ayudó a cargar esa cruz. Amigos que venían a darnos un abrazo o que rezaban con nosotros, o que a veces nos mandaban algo de comer para hacernos sentir mejor.

Mientras más rezábamos, más paz nos daba, así como más sabiduría sobre la situación y sobre la vida. Esta experiencia nos hizo valorar la vida y todas las bendiciones que teníamos, y nos cambió, a todos, la perspectiva. A mí me enseñó que en un minuto te puede cambiar la vida, y puedes perder algo que amas, por lo que hay que saber valorar y aprovechar todo. También hay que tener bien firmes nuestras prioridades porque tal vez por una cosa —muchas veces más cercana o fácil— sacrificas otra que a la larga te va a hacer más feliz, y te puedes arrepentir. Estas y muchas más reflexiones salen cuando te das cuenta de lo impredecible que es la vida y lo rápido que cambia.

Todo mejoró al poder ver a mi papá otra vez. Cuando estuvimos en Gainesville, rentamos una casa de 5 habitaciones, dos salas, y un jardín. Fue una bendición tener una casa así porque así estuvimos todos juntos, incluso con los perros. Estuvimos muy ocupados, en esa etapa siempre había algo que hacer. Algo de la casa, para mi papá, para los perros, de los coches, del trabajo... Ahí aprendimos a servir. A servirnos unos a los otros, a hacer quehaceres con amor, a valorar nuestro tiempo y a entregárselo a los demás, y mucho más que nos hacía reflexionar día a día. A pesar de que fue cuando menos tiempo personal tuvimos, también fue cuando más propósito y paz sentimos.

Eventualmente salió mi papá y comenzó el camino de recuperación. Lo más fuerte fueron las batallas mentales, durante las cuales fue increíble ver cómo mi papá también se abandonaba en Dios. Si algo le daba miedo o le costaba tanto que requería pura paciencia, era asombroso ver cómo se apoyaba en Dios. Juntos pudimos compartir lecciones, reflexiones, las bendiciones que habíamos visto, y lo más importante fue que pudimos ver los frutos de la fe, de haber confiado y orado tanto. Gracias a haber dedicado tanto tiempo a estar cerca de Dios, todos cambiamos y mejoramos.

Desde ese día, la verdad es que valoramos todo y tratamos de buscarle lo positivo a cada problema o situación. Seguimos creciendo como familia y con Dios, pero nunca olvidaremos lo que hemos vivido y aprendido.

Nunca nos cansaremos de bendecir a Dios por el milagro.

FOTOGRAFÍAS

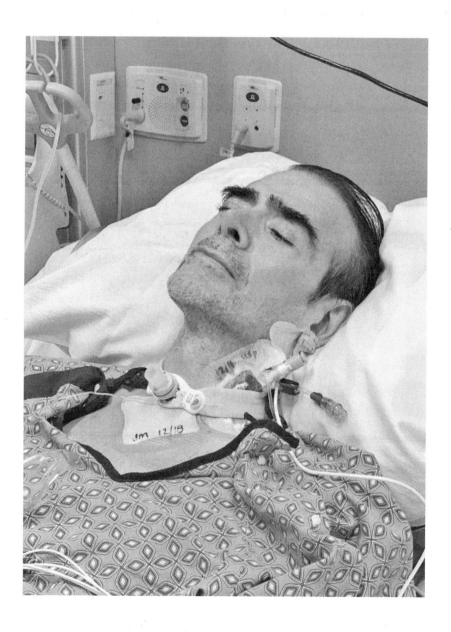

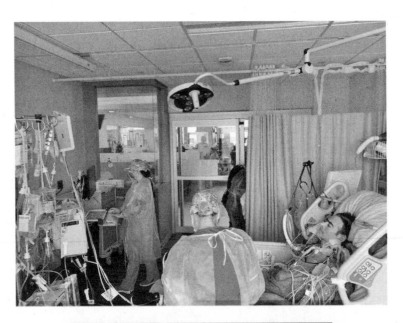

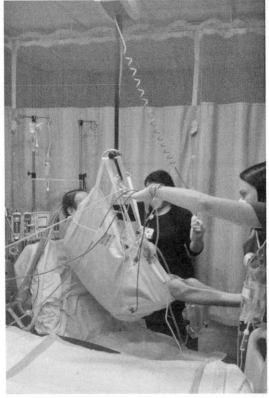

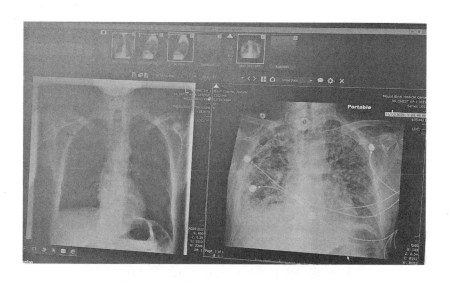

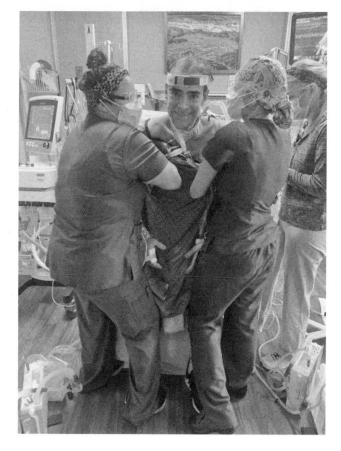

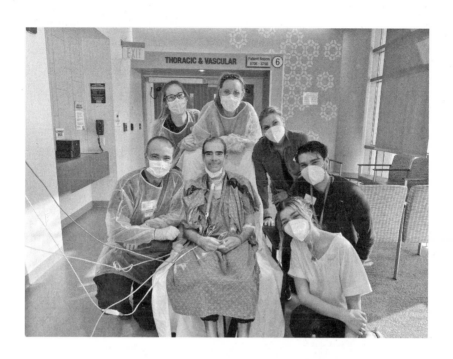

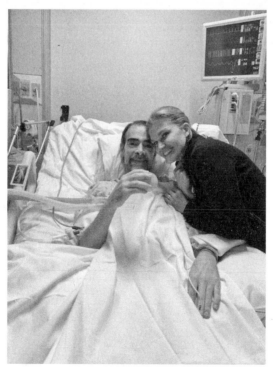

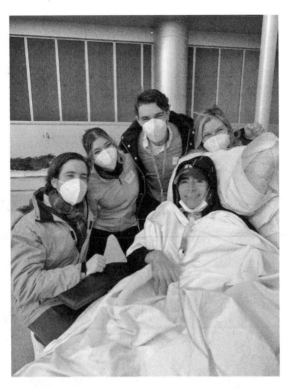

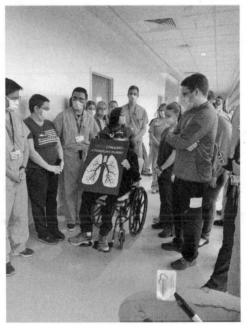